F.

CODE

DES

BRIS, NAUFRAGES

ET ÉCHOUEMENTS.

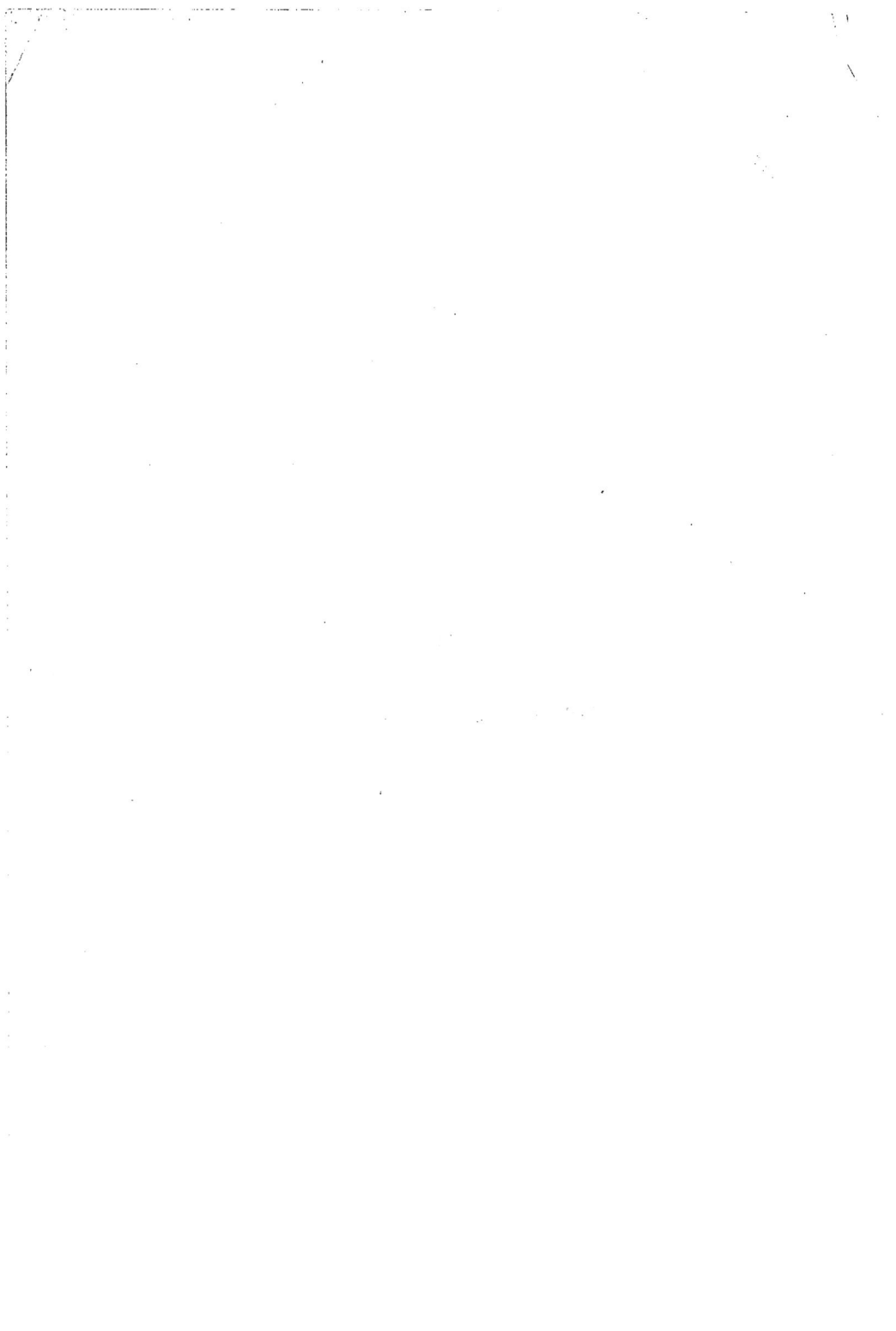

CODE

DES

BRIS, NAUFRAGES

ET ÉCHOUEMENTS,

ou

RÉSUMÉ DES LOIS ET RÉGLEMENTS

Concernant cette matière,

SUIVI

D'UNE INSTRUCTION SUR LES SECOURS A DONNER AUX NOYÉS ET AUX ASPHYXIÉS PAR LE FROID,

A l'usage de MM.

Les Préfets et Chefs maritimes ;
Les Commissaires-généraux de la marine ;
Les Commissaires de l'inscription maritime et Syndics des gens de mer;
Les Sous-Commissaires chargés du contrôle de l'inscription dans les chefs-lieux d'arrondissement et de sous-arrondissement maritime ;

Les Consuls et Vice-Consuls en pays étrangers ;
Les Employés de l'administration des douanes:
Les Armateurs et Assureurs maritimes ;
Les Capitaines des navires du commerce :
Enfin les Officiers et Employés du Commissariat de la marine en général.

Dédié à M. Sévin,

Commissaire-général de la Marine, Officier de la Légion-d'Honneur,

Par Syl. LEBEAU,

Commis de Marine.

PARIS,

De l'Imprimerie de JULES-JUTEAU et Cᵉ, rue Saint-Denis, 345.

1841.

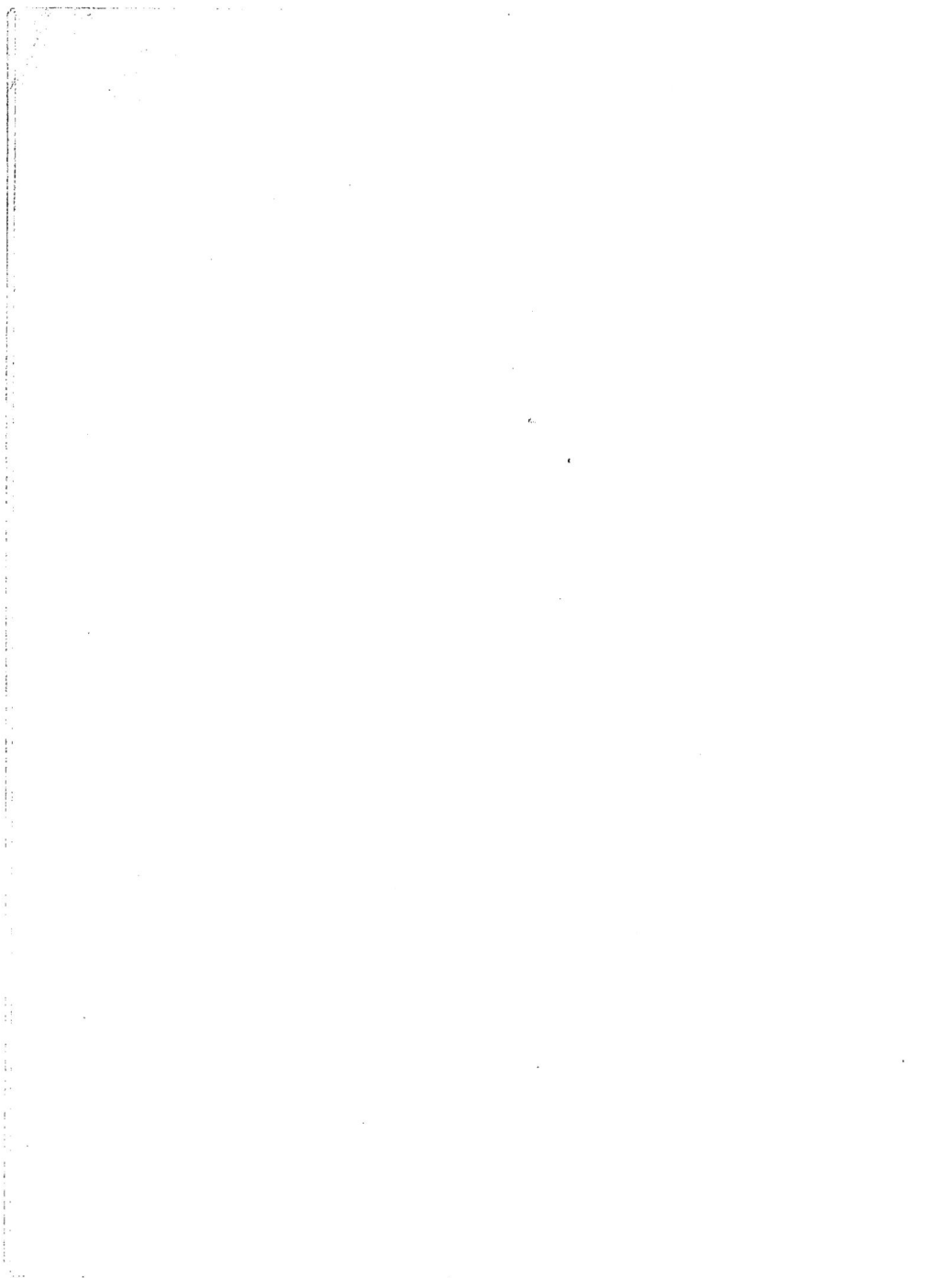

A Monsieur Sévin,

Commissaire-général de la Marine,
Officier de la Légion-d'Honneur.

———◆———

Monsieur le Commissaire-général,

Du moment où j'ai conçu le projet de publier sous la forme d'un code, les dispositions qui régissent les bris, naufrages et échouements, j'ai eu la pensée de vous offrir la dédicace de mon ouvrage, comme à l'un des administrateurs qui ont le plus approfondi la matière dont il traite.

En daignant permettre qu'il paraisse sous vos auspices, vous comblez tous mes vœux.

Veuillez donc, je vous prie, agréer l'hommage de ma vive reconnaissance et celui du profond respect avec lequel je suis,

Monsieur le Commissaire-général,

Votre très humble et très obéissant serviteur,

LEBEAU.

AVERTISSEMENT.

Employé pendant plusieurs années au contrôle des opérations relatives aux bris et naufrages, dans un grand port, nous avons été à même de remarquer que MM. les fonctionnaires chargés de la gestion des sauvetages n'étaient peut-être pas entourés de tous les documents nécessaires à la régularité d'un service aussi important, et que de l'absence d'un guide qui leur fît connaître les obligations que leur imposent les réglements, naissaient souvent de graves difficultés.

Frappé de cet inconvénient dont les conséquences peuvent être funestes aux intérêts des naufragés, nous avons conçu l'idée de présenter, sous la forme d'un code, l'état actuel et complet de la législation et de la jurisprudence en matière de bris et naufrages.

La tâche que nous nous étions imposée présentait de grandes difficultés, car les éléments de notre travail étaient épars dans les diverses collections des lois anciennes et nouvelles ; dans la correspondance ministérielle et divers ouvrages qui ont traité du droit administratif et du droit commercial ; puis d'un autre côté, les variations de la législation et de la jurisprudence avaient fait de la matière des bris et naufrages un chaos presque inextricable. Mais le désir d'être utile a soutenu nos efforts.

Un moment nous avons eu la pensée de suivre l'ordre chronologique observé pour le *Code des Prises ;* mais nous avons dû y renoncer, parce qu'avec les divisions qu'exige la matière des bris et naufrages, il eût présenté de trop grandes difficultés d'exécution ; d'ailleurs, obligeant à rapporter les documents dans leur entier ou du moins en longs extraits, ce mode eût rendu notre ouvrage beaucoup trop volumineux, et, comme il eût été impossible de ne pas reproduire nombre de dispositions abrogées, il y eût eu nécessairement confusion, et les recherches en eussent été d'autant moins sûres.

L'ordre systématique que nous avons adopté permet au contraire de présenter avec clarté et dans un cacre resserré toutes les règles encore en vigueur et de rejeter toutes celles qui ne sont plus en usage. Il offre en outre à l'œil l'ensemble des dispositions que l'on peut avoir à consulter.

Dès le mois d'août 1835, nous soumîmes notre travail à M. le ministre de la marine, qui le jugea *recommandable par la méthode et l'intelligence* [1] ; mais diverses circonstances nous ont obligé à en différer la publication jusqu'à ce jour. Toutefois comme la législation n'a pas cessé de marcher, nous avons ajouté à notre premier travail toutes les dispositions survenues depuis.

Voici le plan que nous avons suivi :

L'ordonnance de 1681 étant encore la base de la législation des naufrages, nous l'avons prise pour point de départ.

Aux dispositions de cette ordonnance nous avons joint celles des lois, arrêtés, ordonnances, décrets, réglements et instructions, décisions ministérielles et judiciaires, qui sont venues depuis compléter la législation des naufrages ou en consacrer l'interprétation.

Dans l'absence de dispositions sur certains points, nous avons eu recours au savant commentaire de Valin et à l'usage.

Nous nous sommes attaché à faire disparaître les incohérences résultant des variations de la législation et à éclaircir par des notes quelques points qui nous ont paru avoir besoin de l'être.

Les matières sont présentées sous dix titres principaux.

Le premier contient diverses dispositions préliminaires ;

Le second réunit celles qui concernent les échouements simples ou sans bris ;

Le troisième embrasse les dispositions relatives au sauvetage des navires échoués avec bris ou danger imminent de bris, au dépôt, au bénéficiement et à la revendication des objets en provenant, à la liquidation et au paiement des frais ;

Le quatrième est consacré aux épaves trouvées sur les flots, retirées du fond de la mer ou venues isolément au rivage ;

[1] Dépêche du 18 septembre 1835.

Le cinquième se compose des prescriptions relatives au sauvetage des navires et marchandises coulés près des côtes et dans les rades et rivières du royaume et de ses dépendances ;

Le sixième comprend les dispositions qui régissent les naufrages en pays étrangers et le rapatriement des équipages ;

Le septième présente les règles établies pour la rémunération des actes de dévouement envers les personnes et les propriétés naufragées ;

Le huitième fait connaître les concessions auxquelles peuvent prétendre les familles des marins noyés dans les naufrages, et indique les justifications à faire pour leur obtention ;

Le neuvième trace la marche à suivre pour la poursuite des délits et contraventions en matière de bris et naufrages ;

Enfin, le dixième renferme les règles de la comptabilité des sauvetages.

Celles de ces parties principales qui en étaient susceptibles ont été subdivisées en chapitres, sections et paragraphes.

Dans la distribution des matières nous avons suivi l'ordre naturel des opérations.

Les articles sont numérotés pour rendre plus faciles les renvois qui y sont faits des tables, et chacun d'eux indique la date de la loi, de l'ordonnance, du réglement ou de la décision, afin que l'on puisse recourir à l'acte même si on le désire.

Les dispositions réglementaires sont suivies d'une instruction de M. l'inspecteur-général du service de santé de la marine, sur les secours à donner aux noyés et aux asphyxiés par le froid, avant l'arrivée d'un homme de l'art.

Dans l'intérêt du commerce et de la navigation, nous avons cru devoir présenter une notice de divers réglements publiés à l'étranger, relativement au sauvetage des navires échoués ou naufragés et des épaves maritimes.

On trouvera aussi quelques formules dont plusieurs ont été arrêtées par le ministre de la marine ; elles serviront à mettre plus de régularité dans les opérations.

En tête de l'ouvrage est une table générale des matières, par titres, chapitres, sections et paragraphes.

Deux autres tables sont placées à la fin : 1° une table alphabétique qui contient à chaque mot un précis exact de toutes les dispositions qui s'y rapportent ; 2° une table chronologique des lois, ordonnances et règlements, actes administratifs et autres, cités dans le cours de l'ouvrage, avec indication des articles qui en rapportent les dispositions.

Le *Code des Bris, Naufrages et Échouements,* nous aimons à le croire, sera pour **MM.** les fonctionnaires chargés de la gestion des naufrages ou du contrôle des liquidations de sauvetage, un guide sûr dans l'exercice de leurs fonctions.

Il se recommandera à l'attention de **MM.** les employés des douanes que la loi appelle à concourir au sauvetage des navires naufragés, au bénéficiement des effets sauvés et à la rédaction des actes constatant ces opérations.

Il ne sera pas sans intérêt pour **MM.** les préfets et chefs maritimes, ainsi que pour **MM.** les commissaires-généraux des grands ports, appelés souvent à prononcer sur les difficultés qui surgissent des naufrages.

Il sera nécessaire à **MM.** les armateurs et assureurs maritimes auxquels il indiquera les formes à suivre dans leurs rapports avec l'autorité maritime pour la revendication des objets sauvés.

Enfin il sera d'une grande utilité à **MM.** les capitaines du commerce en leur faisant connaître leurs obligations dans les cas de naufrages ou d'échouements en France ou en pays étrangers.

Le suffrage dont **M.** le ministre de la marine et **M.** le directeur des fonds et invalides ont honoré cet ouvrage, et le soin que **M.** le commissaire-général de la marine, à Lorient, a bien voulu prendre de le recommander à **MM.** les officiers et employés du commissariat, sont la meilleure preuve que nous puissions offrir de son utilité.

Nous nous réservons de faire imprimer ultérieurement dans le même format, un supplément qui réunira toutes les dispositions survenues depuis la publication du Code; la legislation sera ainsi tenue au courant. Si quelques erreurs, quelques omissions étaient aperçues, nous recevrions avec reconnaissance les observations qui nous seraient adressées à ce sujet, et nous en ferions usage dans le supplément que nous annonçons.

TABLE

Par ordre de Matières.

CODE

DES

BRIS, NAUFRAGES

ET

ÉCHOUEMENTS.

TITRE Ier.

DISPOSITIONS PRÉLIMINAIRES.

Les vaisseaux échoués ou jetés par la tempête sur les côtes du royaume, leurs équipages et leurs chargements sans aucune distinction entre les nationaux et les étrangers, les amis et les ennemis, même les pirates, en un mot, tout ce qui est échappé d'un naufrage quelconque est sous la protection et la sauve-garde du roi. (*Ordonnance du mois d'août* 1681, *liv.* 4, *tit.* 9, *art.* 1er, *Texte et commentaire de* VALIN.)

1.
Les personnes et les choses naufragées sont sous la protection du roi.

2.
Intervention de l'administration de la marine dans les naufrages.

L'administration de la marine est chargée de tout ce qui concerne les naufrages. (*Arrêté du* 17 *floréal an* IX, *art.* 1ᵉʳ.)

Les syndics doivent en conséquence se tenir au courant des moindres événements de mer, et sur-le-champ en rendre compte au commissaire de l'inscription maritime du quartier. (*Circulaire du* 12 *février* 1836, *Prises.*)

3.
Avis des naufrages à donner aux commissaires de l'inscription.

Tout individu témoin du naufrage ou de l'échouement d'un bâtiment sur les côtes, doit en informer aussitôt le commissaire de l'inscription ou le syndic des gens de mer. Ceux qui ont négligé ou refusé de remplir ce devoir, doivent être, en cas de pillage des effets naufragés, examinés par l'officier de police judiciaire compétent, afin de s'assurer s'ils ne sont pas complices du délit. (*Arrêtés du* 27 *thermidor an* VII, *art.* 1ᵉʳ, *et du* 17 *floréal an* IX, *art.* 2.)

4.
Peine de ceux qui allument des feux trompeurs.

Il y a peine de mort pour tout individu qui allumerait la nuit des feux trompeurs sur les grèves et dans les lieux périlleux, pour y attirer et faire perdre les navires. (*Ordonnance de* 1681, *art.* 45.)

5.
Les riverains n'ont aucun droit sur les naufrages.

Les propriétaires riverains n'ont aucun droit sur les effets naufragés. (*Même ordonnance, art.* 30 *et* 42.)

6.
Les objets naufragés peuvent être réclamés.

Les bâtiments échoués, tant nationaux qu'étrangers, et les marchandises sauvées du naufrage peuvent être réclamés dans l'an et jour [1], et ils sont rendus aux propriétaires ou à leurs commissionnaires, en payant les frais faits pour les sauver. (*Même ordonnance, art.* 24.)

Ces frais sont privilégiés. (*Art* 2102, § 3 *du Code civil.*)

7.
Il en est de même de leurs produits.

Les produits de vente versés dans la caisse des gens de mer et dans celle des invalides, peuvent également être réclamés [2]. L'établissement

[1] L'article cité fesait courir le délai d'une publication tombée en désuétude.

[2] Ce droit de réclamation des produits de vente n'est explicitement écrit dans aucune loi; mais il résulte des articles combinés 27, 52, 65 et 67 du règlement du 17 juillet 1846.

des invalides n'oppose aucune prescription ni déchéance à quelque époque que la réclamation ait lieu, si elle est fondée. (*Circulaire du 12 octobre 1835 , Invalides.*)

Le droit de réclamation n'est cependant pas absolu ; il subit dans certains cas quelques modifications, comme on le verra plus tard [1].

8.
Le droit de réclamation n'est pas absolu.

Ce qui n'a pas été réclamé sur les produits de bris et naufrages appartient à la caisse des invalides. (*Loi du 13 mai 1791 , tit. 1er, art. 4.*)

9.
Les produits non réclamés sont dévolus à la caisse des invalides.

Lorsqu'un bâtiment naufragé ou tout autre objet provenant de bris ou naufrage est reconnu propriété ennemie, il n'est point susceptible de restitution (*Réglement du 17 juillet 1816, art.* 36), à moins qu'il ne s'agisse d'un bâtiment français pris par l'ennemi et naufragé avant d'avoir été conduit dans un port ennemi. Dans ce cas, il est rendu au propriétaire qui le réclame dans l'an et jour, quoiqu'il ait été plus de 24 heures entre les mains de l'ennemi. (*Arrété du 2 prairial an* xi, *art.* 55.)

10.
Les bâtiments ennemis ne sont pas susceptibles de restitution. — Exception.

Si le bâtiment naufragé est pirate, il est de bonne prise. (*Méme arrété, art.* 51.)

11.
Pirates.

Toutefois les marchandises trouvées à bord et reconnues appartenir à des Français ou alliés, sont rendues lorsqu'elles sont réclamées dans l'an et jour. (*Ordonnance du 5 septembre* 1718.)

Les lois et réglements sur les naufrages ont leur exécution dans les colonies françaises , comme dans tous les autres ports du royaume. (*Arrété du 14 ventose an* xi, *art.* 1er.)

12.
Naufrages dans les colonies.

[1] Voir les articles ci-après : 10 , 11, 110 , 272 à 277, 299, 301 , 303 , 309 , 310 , 311 , 318, 325, 332 et 341.

TITRE II.

ÉCHOUEMENTS

Simples ou sans bris.

Il y a *échouement simple ou sans bris,* quand un navire passe ou donne sur un bas-fond ou banc de sable sur lequel il reste engravé, parce qu'il n'y a plus assez d'eau pour le faire flotter.

Il y a deux sortes d'échouements sans bris : 1° celui qui procède de fortune de mer ; les dommages occasionnés à ce sujet sont avaries simples. (*Art.* 403 *du Code de commerce.*) 2° Celui qui arrive volontairement pour se dérober à l'ennemi ou pour éviter un naufrage absolu ; le dommage souffert est avarie grosse. (*Art.* 400 *du même code.*)

Dans cette espèce le capitaine n'est pas démonté de droit. L'administration de la marine n'intervient qu'à sa demande [1], et dans la vue de lui procurer d'énergiques secours en usant du droit de réquisition sur les choses et les personnes dont elle seule est armée. (*Commission d'enquête,* 1832 , *p.* 56.)

Dans le cas même où l'avarie notable de la cargaison exigerait sa mise à terre ou sa bonification à la suite de l'échouement, l'administration n'aurait pas à s'en occuper ; ce serait au capitaine à prendre sous la surveillance du tribunal de commerce et sous la responsabilité dont il est

[1] Ceci est fondé sur ce que l'arrêté du 17 floréal an IX n'a chargé l'administration de la marine que des soins qu'exigent les sauvetages, et il n'y a pas lieu à sauvetage lorsque le bâtiment n'est que momentanément arrêté et peut être relevé sans danger pour lui ou pour sa cargaison. Il y a sauvetage là où il y a naufrage, bris ou danger imminent de bris, parce qu'alors des mesures urgentes sont nécessaires pour préserver d'une perte totale le navire et les marchandises.

passible, solidairement avec ses armateurs, telles dispositions qu'il juge-
rait convenables pour le débarquement et la bonification de sa cargaison,
quel qu'en fût l'état. (*Circulaire du 30 juin 1820, Prises.*)

L'administration n'a pas non plus à connaître des discussions qui pourraient s'élever sur le fret. Ces discussions sont de la compétence du tribunal de commerce. (*Circulaire du 30 juin 1820, Prises.*)

15.
Elle n'a pas à connaître des
contestations sur le fret.

Bien que l'administration de la marine ne soit pas chargée du soin de
remettre à flot le navire échoué, le commissaire de l'inscription n'en doit
pas moins s'informer de la cause de l'échouement, de la nationalité du
navire, du capitaine et de l'équipage, de la qualité des marchandises et
à qui elles appartiennent; et s'il découvre quelque fait punissable, il doit
prendre les mesures d'intérêt public que la circonstance rend nécessaires.
(*Ordonnance de 1681, art. 18.*)

16.
Informations qu'elle doit
prendre.

Si le bâtiment est ennemi ou pirate, le commissaire de l'inscription
doit arrêter les hommes de l'équipage et apposer les scellés à bord en
présence du principal préposé des douanes. (*Arrêté du 6 germinal an
VIII, art. 8.*) Il est statué ensuite par qui de droit sur la prise.

Dans ce cas les opérations nécessaires pour remettre le navire à flot et
pour le mettre en lieu de sûreté, sont dirigées par le commissaire de
l'inscription.

17.
Navires ennemis ou pirates.

Au premier avis d'un échouement, le syndic des gens de mer est
tenu de se rendre sur les lieux pour procurer les secours nécessaires.
(*Décret du 9-13 août 1791, art. 3.*)

18.
Devoir du syndic des gens de
mer.

Pour les échouements sans bris, les travailleurs n'ont droit qu'à un
simple salaire, basé sur le prix de la journée. (*Commission d'enquête,
1832, p. 57.*)

19.
Droit des travailleurs.

Les frais faits pour remettre à flot le navire échoué sont réputés
avaries grosses ou communes et doivent être supportés par les marchan—

20.
Répartition et paiement des
frais.

dises et par la moitié du navire et du fret au marc le franc de la valeur.

Ceux faits pour la mise à terre et la bonification de la cargaison, sont avaries simples ou particulières, et doivent être supportés par le propriétaire de la chose qui les a occasionnés. (*Code de commerce, art.* 400, 401, 403 et 404.)

Ces frais sont acquittés par le capitaine, sauf à lui ou à ceux qui ont été employés, à recourir au tribunal de commerce en cas de contestations.

TITRE III.

MISES A LA COTE

ou

Échouements avec bris.

CHAPITRE Ier.

Dispositions générales.

21.
Définition.

En donnant contre un bas-fond, des écueils ou le rivage, un navire peut éprouver, par la violence du choc, une fracture, soit totale, soit dans ses parties essentielles, de manière à être entr'ouvert ou rempli d'eau, sans qu'il disparaisse absolument ou que les débris en soient dispersés : c'est ce qu'on nomme *échouement avec bris.*

22.
Intervention de l'administration.

Cet accident met le navire dans l'impossibilité physique de continuer la navigation ; il le réduit à n'être qu'une masse de matériaux plus ou moins bien assemblés qui ne peuvent plus être considérés comme un navire. (PARDESSUS; *Droit commercial, n° 840.*)

Dans ce cas le mandat du capitaine cesse ; l'administration de la marine, à défaut des propriétaires, armateurs, subrécargues ou correspondants, est exclusivement saisie d'office de la direction du sauvetage et de tout ce qui concerne le naufrage [1]. (*Arrêté du 17 floréal an IX, art. 1er.*)

---

[1] En cela la loi a eu pour but d'éviter que les marins de l'équipage, exclusivement préoccupés du soin de sauver les menus objets qu'ils ont presque toujours en pacotille, ne laissassent de côté les grands intérêts des armateurs et des chambres d'assurances; ou bien, s'il s'agit d'un bâtiment à fret dont le capitaine est propriétaire (comme le sont beaucoup de capitaines faisant le cabotage),

Pour que l'intervention administrative soit légale, il n'est pas nécessaire que le navire soit en état de bris et de démolition. Quand un navire submergé ou démâté se jette à la côte, l'administration de la marine doit intervenir dans l'intérêt des absents et subsidiairement dans l'intérêt de l'ordre et de la tranquillité publique. (*Circulaire du 30 juin 1820, Prises.*)

23.
La douane est étrangère à la gestion des sauvetages.

L'administration des douanes est étrangère à tout ce qui concerne la gestion des naufrages. (*Circulaire du 17 février 1806, Invalides.*) Les préposés de cette administration sont tenus néanmoins de se transporter sans délai sur le lieu du sinistre et d'en prévenir le commissaire de l'inscription maritime ou le syndic. (*Décret du 6-22 août 1791, art. 1er.*) Ensuite ils doivent se borner à prendre les précautions nécessaires pour que les objets naufragés ne soient pas introduits en fraude. (*Circulaire de l'administration des douanes, du 29 juillet 1813.*)

24.
Les maires ne sont pas autorisés à intervenir.

L'intervention des maires ne saurait être autorisée et encore moins rétribuée. (*Dépêche du 22 août 1823.*)

25.
Soins confiés aux officiers de port.

Dans les ports et rades où ils sont préposés, les officiers de port doivent diriger les secours à porter aux navires naufragés ou en danger. (*Décret du 10 mars 1807, art. 12.*)

26.
Obligation du capitaine naufragé.

Le capitaine d'un bâtiment naufragé est tenu de sauver avec lui l'argent et ce qu'il peut des marchandises les plus précieuses de son chargement, sous peine d'en répondre en son propre nom.

Si les objets ainsi tirés du navire sont perdus par quelque cas fortuit, le capitaine en demeure déchargé. (*Code de commerce, art. 241.*)

27.
Rapport qu'il est tenu de faire.

Le capitaine qui a échappé à un naufrage, et qui s'est sauvé seul ou

d'éviter que ce capitaine ne sacrifiât toute la cargaison d'une valeur souvent décuple, uniquement pour sauver la coque du navire, c'est-à-dire sa chose propre. (*Commission d'enquête, 1832, page 56, document officiel.*)

avec partie de son équipage, est tenu de se présenter devant le juge du lieu, ou, à défaut de juge, devant toute autre autorité civile, d'y faire son rapport, de le faire vérifier par ceux de son équipage qui se seraient sauvés et se trouveraient avec lui, et d'en lever expédition. (*Même code, art. 246.*)

CHAPITRE II.

Opérations de sauvetage.

SECTION Ire.

Direction des opérations.

28.
La direction du sauvetage est confiée au commissaire de l'inscription maritime.

Quelle que soit la qualité du navire naufragé, c'est le commissaire de l'inscription du quartier où l'évènement a eu lieu, et en son absence, celui qui le remplace dans l'ordre du service, qui est chargé du sauvetage au lieu et place du capitaine (*Arrêté du 17 floréal an IX, art. 1er*), excepté le cas où ce dernier serait porteur d'une procuration spéciale. (VALIN, *sur l'art. 17.* — *Commission d'enquête, 1832, pag. 56.*)

29.
Les syndics des gens de mer donnent les premiers ordres.

Jusqu'à l'arrivée du commissaire, le syndic des gens de mer donne les premiers ordres et requiert, s'il en est besoin, l'assistance des autorités locales, pour pourvoir au sauvetage et pour empêcher le pillage des objets sauvés. (*Réglement du 17 juillet 1816, art. 24.* — *Arrêté du 17 floréal an IX, art. 2.*)

30.
Les intéressés sont admis à pourvoir au sauvetage lorsqu'ils le demandent.

Si, lors de l'échouement ou après, les propriétaires ou les commissionnaires auxquels les marchandises sont adressées par les connaissements ou ceux qui les ont chargées, se présentent pour y mettre ordre eux-mêmes,

3

le commissaire de l'inscription doit se retirer et leur laisser la liberté d'y pourvoir. (*Déclaration du 10 janvier* 1770, *art.* 17.—*Ordonnance de* 1681, *art.* 17.)

Les armateurs et les subrécargues, qui, à raison de leur titre, sont réputés investis de la confiance des propriétaires, sont également admis à pourvoir au sauvetage. (*Circulaire du* 17 *nivose an* XIII, *Invalides.*— *Arrêté du* 17 *floréal an* IX, *art.* 1er.)

Les propriétaires et les armateurs peuvent se faire représenter par un porteur de leurs pouvoirs.

31.
Justifications à faire.

Le propriétaire du navire ou des marchandises qui réclame le droit de pourvoir lui même au sauvetage, doit justifier de sa qualité. (VALIN, *sur l'art.* 17.) Les pièces qu'il a à produire sont celles exigées pour obtenir la mainlevée, après le sauvetage opéré. (*Voir chap.* 4 *du présent tit.*) Les porteurs de procuration doivent en outre représenter leurs pouvoirs.

32.
Pour être admis à gérer le sauvetage, ils doivent se présenter tous.

S'il ne se présente qu'une partie des intéressés, le commissaire de l'inscription doit toujours faire travailler indistinctement au sauvetage de toutes les marchandises du bâtiment, sans que les propriétaires ou commissionnaires puissent s'immiscer dans le sauvetage des marchandises par eux réclamées, sauf à ceux-ci à en demander et à en faire prononcer la remise et à pourvoir à leur transport lorsqu'elles auront été mises hors du bâtiment et sur les grèves. (*Déclaration du roi du 10 janvier* 1770, *art.* 18.)

Cette règle s'applique également aux débris du navire. (*Dépêche du* 27 *mai* 1823, *Brest, Police de la navigation.*)

33.
Les employés de la douane ne sont pas obligés de se retirer lorsque le sauvetage est fait par les intéressés.

Les employés de l'administration des douanes, ne sont pas, comme les agents de la marine, obligés de se retirer lorsque les propriétaires ou leurs fondés de pouvoirs se présentent pour pourvoir au sauvetage, ils doivent continuer leurs opérations, relativement aux marchandises provenant du naufrage, seulement ils cessent d'avoir droit aux vacations déterminées par l'art. 188 ci—après. (Du JARDIN-SAILLY, *Code des douanes*, pag. 44.)

34.
Dans tous les cas, le commissaire de l'inscription doit s'informer des circonstances du naufrage.

Dans tous les cas où le commissaire de l'inscription maritime est dispensé du soin du sauvetage, il a toujours le droit, et c'est même son devoir, de prendre des informations sur les causes du naufrage ou de l'échouement, sur la nationalité du navire, du capitaine et de l'équipage, sur la nature du chargement, sur les propriétaires du navire et des marchandises. A cet effet, il reçoit les déclarations de l'équipage et se fait représenter les actes de propriété, polices de chargement, connaissements, factures, etc.

Avant de se retirer, il est tenu de dresser son procès-verbal et de le faire signer par le capitaine et les principaux officiers du bord. (*Ordonnance de* 1681, *art.* 18, *Texte et commentaire de* VALIN). Il doit également prendre des garanties pour le paiement des frais déjà faits.

Il est bon ensuite qu'il *suive de l'œil* tout ce qui se rapporte au sauvetage, parce que, si celui qui en est le géreur procédait à contre-sens, s'il déguisait certains produits, enflait certaines dépenses, il se pourrait que le trésor royal fût conduit à supporter en tout ou en partie des frais de subsistance et de retour auxquels il eût pu et dû sans cela demeurer tout-à-fait étranger. (*Circulaire du* 21 *septembre* 1821, *Colonies et consulats.*)

35.
Droit de certains consuls.

En matière de sauvetage les consuls ne représentent pas de droit, par leur qualité d'agents consulaires, leurs nationaux absents. (*Dépêche du* 27 *mai* 1823, *Police de la navigation*). Mais il en est plusieurs qui, par conventions particulières et sous condition de réciprocité, sont admis à diriger les opérations relatives au sauvetage des bâtiments de leur nation.

Ce sont :

Les consuls espagnols. (*Loi du* 9-13 *août* 1791, *tit.* 1er, *art.* 9.)

Les consuls prussiens. (*Circulaire du* 29 *octobre* 1816, 2me *et* 5me *divisions.*)

Les consuls portugais. (*Circulaire du* 24 *février* 1818, *Police de la navigation.*)

Les consuls sardes. (*Circulaire du 25 mai 1818, même timbre.*)

Les consuls hanovriens. (*Circulaire du 16 avril 1823, même timbre.*)

Les consuls toscans. (*Circulaire du 28 juillet 1825, même timbre.*)

Les consuls mecklembourgeois. (*Convention du 13 juillet 1836.*)

Les consuls boliviens. (*Ordonnance du 26 juillet 1837.*)

Les consuls mexicains. (*Lettre du directeur de l'administration des douanes, en date du 30 septembre 1839, insérée aux Annales maritimes de 1840.*)

Les consuls de la république orientale de l'Uruguay. (*Lettre du même directeur, en date du 3 juin 1840, insérée aux Annales maritimes.*)

Les consuls texiens. (*Lettre du même directeur, en date du 20 juillet 1840, insérée aux Annales maritimes.*)

Les consuls des Pays-Bas. (*Traité du 25 juillet 1840.*)

Le gouvernement, en laissant à ces agents consulaires le droit de procéder sur les côtes de France au sauvetage des bâtiments de leurs nations, y comprend les cargaisons quoique de propriétés étrangères à ces nations, même les cargaisons de propriétés françaises. (*Dépêche du 27 mai 1823. Police de la navigation.*)

36.
Avis à leur donner.

Aussitôt que le commissaire de l'inscription a reconnu l'authenticité des pièces de bord et la nationalité d'un bâtiment dont le sauvetage est attribué au consul, il doit en prévenir cet agent et se retirer à son arrivée. (*Circulaires du 6 avril 1818, Police de la navigation, et du 29 octobre 1816, 2ᵐᵉ et 5ᵐᵉ divisions.*)

L'intervention des autorités locales n'a plus lieu que pour maintenir l'ordre, garantir les intérêts des sauveteurs, s'ils sont étrangers aux équipages naufragés, et assurer l'exécution des dispositions à observer pour l'entrée et la sortie des marchandises sauvées. (*Ordonnance du 26 juillet 1837, art. 28. — Traité du 25 juillet 1840.*)

37.
C'est à eux que doivent s'adresser les intéressés au naufrage.

Dans tous les cas où les consuls ont été chargés de la gestion des sauvetages, c'est à eux que les intéressés quels qu'ils soient, ou leurs fondés de pouvoirs, doivent s'adresser pour la suite des opérations, en ce qui les concerne, ou pour la remise des objets qui leur appartiennent. (*Dépêche du* 27 *mai* 1823 , *Police de la navigation.*)

SECTION II.

Sauvetage et emmagasinement.

Aussitôt après avoir reçu avis du sinistre, le commissaire de l'inscription se rend sur les lieux, accompagné des gendarmes maritimes sous ses ordres. Il se saisit des chartes-parties et autres papiers de bord [1], reçoit les déclarations du capitaine et des gens de l'équipage, et dresse procès-verbal de l'état du navire; il doit ensuite prendre les mesures convenables pour en empêcher la perte entière et faire travailler sans délai à sauver les marchandises de la cargaison. (*Ordonnance de* 1681, *art.* 6. — *Ordonnance du* 29 *octobre* 1820 , *art* 241.)

38.
Devoir du commissaire à son arrivée.

Lorsque les intéressés présents sur les lieux ont abandonné volontairement au commissaire de l'inscription le soin de diriger le sauvetage, dans la persuasion que l'influence qu'il exerce et les moyens de répression dont il dispose auraient des résultats plus avantageux, il convient que ledit commissaire se concerte avec les intéressés et écoute leur avis, pour le bien de la chose, et le plus grand intérêt de tous. (*Dépêche du* 25 octobre 1822.)

39.
Il doit se concerter avec les intéressés présents.

Les riverains doivent travailler à sauver les effets naufragés et à en empêcher le pillage, en attendant l'arrivée du commissaire. (*Ordonnance de* 1681 , *art.* 4.)

40.
Les riverains doivent travailler au sauvetage avant l'arrivée du commissaire.

[1] Les employés de la douane ne peuvent exiger que le rôle de l'équipage leur soit remis pour être envoyé à l'appui des interrogatoires qu'ils font subir aux gens de l'équipage; ils doivent se borner à en demander la communication instantanée ou une copie collationnée dûment certifiée et signée, lorsqu'ils rendent l'original. (*Circulaire du* 5 *juillet* 1810.)

Cet administrateur présent, personne ne peut s'immiscer dans les opérations de sauvetage, à moins d'y être autorisé par lui. (*Déclaration du 10 janvier* 1770, *art.* 9. — *Arrêté du* 27 *thermidor an* VII, *art.* 4.)

41.
L'équipage doit être employé au sauvetage.

Les hommes de l'équipage étant intéressés au sauvetage (*art.* 259 *du Code de commerce*), le commissaire de l'inscription doit les employer de préférence.

42.
Les préposés de la douane peuvent être admis comme travailleurs

L'administration des douanes, comme il est dit article 23, est étrangère à tout ce qui concerne la gestion des naufrages; mais les préposés subalternes peuvent suppléer avec avantage les gendarmes, ils sont très propres à imposer aux riverains et peuvent être employés isolément et avec confiance comme ouvriers sauveteurs. (*Circulaire du* 17 *février* 1806, *Invalides.*)

43.
Échouement volontaire.

Si l'échouement a été volontaire, c'est-à-dire, sans nécessité, le commissaire de l'inscription fait conduire le capitaine et les hommes de l'équipage devant le procureur du roi, chargé de les poursuivre et de les faire juger suivant les formes et par les tribunaux ordinaires. (*Loi du* 10 *avril* 1825, *art.* 20.)

44.
Bâtiments ennemis.

Si le navire naufragé est ennemi, le commissaire de l'inscription doit également arrêter l'équipage (*Ordonnance de* 1681, *art.* 18) et le mettre à la disposition de l'autorité militaire. Il est ensuite statué par qui de droit sur la prise.

45.
Pirates.

Si le navire est pirate, le commissaire de l'inscription doit encore s'assurer des hommes de l'équipage qui, lorsqu'il a été statué sur la prise, sont jugés par le tribunal maritime du chef-lieu de l'arrondissement maritime dans lequel le naufrage a eu lieu. (*Loi du* 10 *avril* 1825 *et ordonnance de* 1681, *art.* 18.)

46.
Marchandises de contrebande.

Si les marchandises sont de contrebande, l'équipage est arrêté et poursuivi conformément à la loi du 18 avril 1816 et à celle du 21 avril 1818.

Si le bâtiment naufragé vient d'un lieu qui n'est pas habituellement ou actuellement sain, le commissaire de l'inscription, chargé du sauvetage, doit avertir l'administration sanitaire. (*Ordonnance du 7 août 1822, art. 79.*)

47.
Formalités à remplir auprès de l'administration sanitaire; droits de cette administration.

Les embarcations qui iraient au secours des naufragés doivent se conformer aux ordres et aux instructions de l'autorité sanitaire (*art. 25 de la même ordonnance*); et si des naufragés ont communiqué avec le territoire libre, ils doivent, ainsi que ceux qui leur ont porté secours, en faire immédiatement la déclaration à qui de droit. (*Loi du 3 mars 1822, art. 15.*)

L'autorité sanitaire peut mettre en état de séquestration les personnes et les choses qui ont été en communication avec le navire ou son équipage. (*Art. 11 de l'ordonnance du 7 août 1822.*)

Le commissaire de l'inscription forme, s'il le juge nécessaire, une garde composée des personnes présentes, et, en cas d'insuffisance ou de désobéissance, il a le droit de requérir la force armée. (*Arrêté du 27 thermidor an VII, art. 3.*)—Toutefois il doit chercher autant que possible à se suffire à lui-même pour la protection à donner au sauvetage. Quand la gendarmerie qui est sous ses ordres et qu'il doit employer à cette surveillance lui manque ou est insuffisante, il doit recourir à celle des départements, et ce n'est qu'à défaut de cette dernière qu'il peut réclamer main-forte auprès des commandants militaires, en justifiant que le concours de la troupe de ligne lui est indispensable pour garantir la sûreté de ses opérations. (*Circulaire du 15 mai 1826, police de la navigation.*)

48.
Le commissaire de l'inscription peut requérir la force armée.

Les commandants militaires doivent déférer à cette réquisition sous leur responsabilité. (*Ordonnance de 1681, art. 3.—Arrêté du 27 thermidor an VII, art. 3.*)

Les voituriers, charretiers, mariniers et tous autres en état de donner du secours, sont tenus de se transporter avec chevaux, harnais et bateaux au lieu du naufrage et de l'échouement, à la première sommation qui leur en est faite de la part du commissaire de l'inscription.

49.
Réquisition aux travailleurs.

(*Ordonnance de* **1681**, *art.* **7**. — *Déclaration du* **10** *janvier* **1770**, *art.* **6.**)

Les sommations n'ont pas besoin d'être faites par écrit, il suffit d'un ordre verbal de la part du commissaire de l'inscription. (VALIN, *sur l'art.* **7.**)

50.
Les intéressés ont droit de réquisition avant l'arrivée du commissaire.

Les intéressés au naufrage ont aussi le droit de requérir les voituriers et les mariniers ; mais seulement avant l'arrivée du commissaire de l'inscription, car celui-ci présent, tous les ordres doivent émaner de lui. (*Art.* **40** *ci-dessus.*)

Les intéressés au naufrage sont le capitaine, les gens de l'équipage, les armateurs, ceux qui ont quelque part dans le navire ou dans les marchandises de sa cargaison, ceux pour le compte desquels il a été fait quelque chargement dans le navire, ou enfin les assureurs en cas d'abandon de la part des assurés. (*Ordonnance de* **1681**, *Texte et commentaire de* VALIN.)

51.
Peine pour refus de secours.

Les personnes qui le pouvant ont refusé ou négligé de faire les travaux, le service ou de prêter le secours dont elles ont été requises dans les cas de naufrage et de pillage, sont punies d'amende depuis 6 francs jusqu'à 10 francs inclusivement. (*Code pénal, art.* **475**, *n°* **12**.)

La peine est prononcée par le juge-de-paix sur le vu des procès-verbaux dressés ou sur l'audition des témoins constatant le refus ou la négligence. (*Code d'instruction criminelle, art.* **137**, **138** et **154**.)

52.
Dépôt provisoire.

A la sortie du bâtiment, les marchandises sauvées sont mises d'abord en dépôt provisoire dans le lieu le plus prochain du naufrage. (*Décret du* 6-22 *août* **1791**, *tit.* **7**, *art.* **1**er.)

53.
Faculté de dépôt dans le domaine particulier confinant au rivage.

Dans le cas d'un naufrage arrivé à une époque de grande marée, alors que le flot ne laisserait aucun espace à découvert sur le rivage jusqu'au terrain dépendant d'une propriété privée limitrophe, le commissaire de l'inscription pourrait requérir à titre de service ou secours légalement

obligatoire la faculté de passage et même de dépôt provisoire dans le domaine particulier confinant au rivage, sauf à comprendre dans les frais
de sauvetage l'indemnité due au propriétaire ainsi atteint par cette réquisition. (*Lettre du* **21** *décembre* **1835**, *Police de la navigation.*)

Il est défendu aux individus employés au sauvetage et à tous autres de
porter ailleurs qu'aux lieux indiqués et de recéler aucun objet provenant
du navire échoué ou naufragé, comme aussi de rompre les coffres, ouvrir
les ballots, couper les cordages et mâtures, à peine de restitution du quadruple et de punition corporelle.

S'il n'y a encore aucun lieu indiqué pour les dépôts, ceux qui tra-
vaillent au sauvetage doivent, après avoir tiré à terre les objets et les avoir
mis hors de la portée de la mer, en donner avis à celui qui a la direction
des travaux, afin qu'il en fasse faire le transport où il convient.

Les sauveteurs sont coupables de recélé, non seulement lorsqu'ils portent
dans leurs maisons des effets naufragés, mais encore lorsqu'ils en mettent
dans quelque endroit écarté ou caché de la côte. (*Ordonnance de* **1681**,
art. **5**, *Texte et commentaire de* VALIN.)

Le commissaire de l'inscription doit faire administrer tous les secours
aux personnes blessées dans le naufrage. (*Ordonnance du* **29** *octobre*
1833, *art.* **60.**)

Si un noyé ou asphyxié par submersion est retiré de l'eau, et que l'on
soit à portée d'un hôpital ou d'un dépôt de secours, le commissaire de
l'inscription doit l'y faire transporter immédiatement avec précaution. Si
l'on est éloigné d'un hôpital ou d'un dépôt de secours, l'asphyxié doit être
transporté dans la maison la plus prochaine et l'on doit appeler un homme
de l'art. Le moindre retard pouvant avoir des résultats funestes, il convient, en attendant le médecin ou le chirurgien, de donner des secours à l'asphyxié [1]. (*Instruction du* **25** *avril* **1833**.)

---

[1] L'instruction ci-après n° 476 fait connaître la nature des secours à donner aux noyés.

4.

57.
Inhumation des morts.

Lorsqu'un noyé n'a pu être rappelé à la vie, le commissaire de l'inscription maritime doit faire les enquêtes nécessaires pour connaître l'identité de la personne et donner ses soins pour que l'inhumation ait lieu. (*Ordonnance du* 29 *octobre* 1833 *, art.* 60.)

58.
Les agents de la santé examinent les objets sauvés.

Les marchandises sauvées sont examinées par les agents de la santé, à moins qu'elles ne proviennent d'un bâtiment faisant le petit cabotage d'un port français à un autre. (*Ordonnance du* 7 *août* 1822*, art.* 1er *et* 4.)

Lorsqu'il y a impossibilité de purifier des animaux ou des objets matériels susceptibles de transmettre la contagion, les animaux peuvent être tués et enfouis, les objets matériels détruits et brûlés, sans obligation d'en rembourser la valeur. (*Loi du* 3 *mars* 1822*, art.* 5.)

59.
Gardiens des objets sauvés.

Le commissaire de l'inscription nomme d'office un gardien des effets et marchandises sauvés. (*Déclaration du* 10 *janvier* 1770*, art.* 7.) S'il y a des marchandises étrangères, les préposés des douanes les gardent de concert avec le gardien choisi par le commissaire de l'inscription. (*Décret du* 6-22 *août* 1791*, tit.* 7*, art.* 1er.)

60.
Travailleurs.

Les travailleurs sont employés, par marées ou journées, au sauvetage ou à la garde des objets sauvés, selon les besoins, et il en est tenu un rôle par le commissaire de l'inscription. L'appel est fait en présence de cet administrateur au commencement et à la fin de chaque jour. (*Ordonnance de* 1681*, art.* 8. — *Déclaration du* 10 *janvier* 1770*, art.* 9.)

61.
Transport en magasin.

Après la décharge totale du bâtiment naufragé, le commissaire de l'inscription fait transporter les objets sauvés en magasin ou lieu de sûreté. Il tient un état des voitures faites; le voiturier reçoit en partant deux billets de charge, il les remet entre les mains du gardien du magasin qui en retient un et rend l'autre au voiturier après y avoir mis son reçu. (*Ordonnance de* 1681*, art.* 9. — *Déclaration du* 10 *janvier* 1770*, art.* 10.)

62.
État tenu par le gardien.

Le gardien tient état de ce qui est rapporté par chaque voiturier. (*Ordonnance de* 1681*, art.* 10.)

Lors de leur transport en magasin les marchandises doivent être accompagnées par les préposés de la douane. (*Décret du 6–22 août* 1791, *tit. 7, art. 2.*)

63.
Les employés de la douane accompagnent les marchandises transportées.

Le magasin de dépôt, dans le cas où le propriétaire ferait refus de le céder, pourrait être pris d'autorité. (VALIN, *sur l'art.* 10 *de l'ordonnance de* 1681.)

64.
Le magasin de dépôt peut être pris d'autorité.

Le commissaire de l'inscription ne peut, à peine d'interdiction, faire déposer les objets sauvés dans des magasins lui appartenant ou dépendant de la maison qu'il habite. (*Déclaration du* 10 *janvier* 1770, *art.* 10.)

65.
Ne peut appartenir au commissaire de l'inscription.

Lorsque des boissons doivent être transportées de la côte au magasin de dépôt, le commissaire de l'inscription fait préalablement prendre, dans le lieu même de sa résidence, les expéditions qui doivent accompagner le transport. Les agents de la régie sont autorisés à calculer les délais du transport, de manière à laisser toute la latitude nécessaire aux agents de la marine et de la douane dont ils ne doivent pas exiger des indications d'une exactitude rigoureuse, mais seulement l'énonciation du nombre et de l'espèce des pièces sauvées ainsi que la nature des boissons qu'elles renferment. (*Circulaire du* 12 *septembre* 1828, *Prises.*)

66.
Transport des boissons.

Dans le cas où un accident de force majeure nécessiterait le prompt déchargement d'une voiture ou d'un bateau, ou la transvasion immédiate des boissons, ces opérations pourraient avoir lieu sans déclaration préalable, à charge de faire constater l'accident par les employés ou, à leur défaut, par le maire ou l'adjoint de la commune la plus voisine. (*Loi du* 28 *avril* 1816, *art.* 15.)

Les magasins renfermant des boissons sont ouverts à toute réquisition aux préposés des contributions indirectes pour l'exercice de leurs fonctions. (*Circulaire du* 10 *mai* 1813, *Prises.*)

67.
Les magasins qui les renferment sont ouverts aux employés des contributions indirectes.

Après le transport en magasin des objets sauvés, le commissaire de

68.
Reconnaissance des objets sauvés.

l'inscription procède à leur reconnaissance, description et vérification par quantité, qualité, poids, mesure, marques et numéro, tant sur les procès-verbaux faits au lieu de l'échouement que sur les billets laissés au gardien et sur l'état qu'il a dressé.

S'il arrive qu'on laisse sur la falaise des effets ou débris du navire, soit à cause de leur éloignement de toute habitation, soit parce que les frais de transport en magasin en absorberaient la valeur, la reconnaissance de ces effets ou débris se fait comme celle des objets en magasin. (*Ordonnance de* 1681, *art.* 11, *Texte et commentaire de* VALIN. — *Déclaration du* 10 *janvier* 1770, *art.* 11.)

69.
Les inventaires sont soumis au timbre et à l'enregistrement.

Les inventaires et récolements d'inventaires doivent être écrits sur papier timbré et présentés à l'enregistrement dans les vingt jours de leur date. (*Décision du ministre des finances, du* 28 *juin* 1808.)

70.
Bijoux, monnaies et effets de portefeuille.

S'il est trouvé dans le naufrage des bijoux et autres objets analogues, des monnaies étrangères, des billets de banque, des traites et autres effets de portefeuille, le premier soin à prendre par le commissaire de l'inscription est d'en dresser un inventaire descriptif en deux expéditions pour l'une d'elles rester entre ses mains et l'autre être remise au trésorier des invalides avec lesdites valeurs. Dans les ports chefs–lieux une troisième expédition est déposée au bureau chargé du contrôle. Ces valeurs sont renfermées dans la caisse de sûreté.

Quant aux espèces monnayées ayant cours en France, elles sont versées sur état de remise entre les mains du caissier des gens de mer, à la conservation des droits des parties intéressées. (*Circulaire du* 7 *août* 1829, *Invalides.*)

71.
Procès-verbal de sauvetage.

De toutes les opérations de sauvetage il est régulièrement dressé procès-verbal par séances d'avant et après midi, jusqu'à la consommation de l'ouvrage et à la retraite du commissaire de l'inscription. (VALIN, *sur l'art.* 8 *de l'ordonnance de* 1681. — *Décret du* 9–13 *août* 1791, *art.* 5.)

Ce procès-verbal doit être écrit sur papier timbré et il est soumis à l'enregistrement dans les vingt jours de sa date. (*Loi du* 13 *brumaire an* VII, *art.* 12. — *Circulaire du* 14 *septembre* 1827, *Prises.*)

72.
Timbre et enregistrement de cet acte.

Toutefois cet acte n'ayant qu'un seul but, celui de constater le sauvevetage, il est regardé comme se rapportant à un fait unique et indivisible et n'est assujetti dès lors qu'à un droit fixe de 2 fr. et le dixième en sus quel que soit le nombre des vacations. (*Circulaire du* 14 *septembre* 1827, *Prises.* — *Loi du* 6 *prairial an* VII, *art* 1er.)

Autant que possible les procès-verbaux et inventaires sont signés par le capitaine ou un des officiers ou officiers-mariniers du bord et dressés en leur présence. En cas d'impossibilité ou de refus de signer, il en est fait mention. (*Ordonnance de* 1681, *art.* 12, *Texte et commentaire de* VALIN. — *Déclaration du* 10 *janvier* 1770, *art.* 12.)

73.
Par qui sont signés les procès-verbaux et inventaires.

Les préposés des douanes assistent aussi aux procès-verbaux de sauvetage et inventaires, ils signent ces actes, et, lorsqu'ils le demandent, il leur en est délivré une expédition dûment certifiée qui est taxée avec les frais de sauvetage. (*Décret du* 6–22 *août* 1791, *tit.* 7, *art.* 12. — *Dépêches du* 26 *mai* 1806, *Invalides.*)

Les commissaires de l'inscription doivent faire afficher au lieu le plus apparent de l'échouement, ainsi qu'à la porte de leurs bureaux, le nom du bâtiment naufragé, de sa nation, de son capitaine, du lieu de son départ, de celui de sa destination et la nature de son chargement. (*Déclaration du* 10 *janvier* 1770, *art.* 1er.) S'il s'agit d'un Français, ils donnent avis du naufrage au commissaire du quartier dans lequel le bâtiment naufragé était immatriculé.

74.
Annonce des naufrages.

Les chartes-parties, connaissements et autres écrits en langue étrangère, trouvés parmi les effets, sont communiqués aux consuls et interprètes qui doivent en donner avis aux personnes intéressées. (*Ordonnance de* 1681, *art* 23.)

75.
Pièces à communiquer aux consuls et aux interprètes.

Ceux de ces actes dont la traduction est nécessaire sont traduits par les courtiers-interprètes. (*Code de commerce, art.* 80.)

76.
Truchements.

Les courtiers–interprètes servent seuls de truchement à tous étrangers, sauf l'exception faite en faveur des consuls espagnols par la convention du 2 janvier 1768, art. 6. (*Code de commerce, art.* 80.)

Ces courtiers ne sont pas admis à servir d'interprètes pour toutes les langues, ils n'ont de titre légal à en remplir les fonctions que pour les langues mentionnées dans leurs commissions. (*Décision du ministre du commerce, du* 6 *janvier* 1834. — *Lettre du ministre des finances, du* 11 *février suivant.*)

77.
Renvoi des équipages.

Lorsque la présence des marins naufragés n'est plus nécessaire pour le sauvetage, ces marins sont renvoyés dans leurs quartiers respectifs. Autant que possible, la voie de mer doit être employée. (*Art. 4 de l'arrêté du* 5 *germinal an* xii.)

Quant aux équipages des bâtimens étrangers, les commissaires de l'inscription les dirigent vers les consuls de leurs nations. (*Art.* 34 *de l'ordonnance du* 29 *octobre* 1833.)

78.
Désarmement du rôle et paiement des droits des invalides.

Quand le navire naufragé est un bâtiment du commerce français, le commissaire de l'inscription, après le sauvetage terminé, établit le rôle de désarmement et procède au réglement des droits des invalides.

S'il y a perte entière du bâtiment, la caisse des invalides fait abandon de ses droits ; mais le rôle de désarmement n'en doit pas moins être expédié et le coût des feuilles est porté au chapitre *Dépenses diverses* du service *Invalides.* (*Dépêches du* 14 *mai* 1836, *Invalides.* — *Édit de* 1720, *tit.* 6, *art.* 20.)

CHAPITRE III.

Manutention des objets sauvés.

SECTION 1re.

Conservation des objets.

79.
Magasin et caisse de dépôt.

Le magasin dans lequel les objets sauvés sont conservés en nature doit avoir deux clefs, dont l'une est remise au commissaire de l'inscription et l'autre au chef du service des douanes, après que la nature, le nombre et la quotité desdits objets ont été constatés par le procès-verbal de sauvetage [1]. (*Réglement du 17 juillet 1816, art. 26.*)

La caisse de sûreté dans laquelle sont renfermés les bijoux, monnaies et effets de portefeuille, conformément à l'art. 70 ci-dessus, doit, dans les chefs-lieux d'arrondissement et de sous-arrondissement, avoir trois serrures, dont une clef est déposée chez le commissaire de l'inscription, une autre chez le sous-commissaire chargé du contrôle, et la troisième entre les mains du trésorier. Dans les quartiers où il n'existe pas d'agent du contrôle, cette caisse est fermée à deux clefs seulement; l'une de ces clefs est remise au commissaire de l'inscription et la seconde au trésorier. (*Circulaire du 24 février 1821, Invalides.*) Il n'en est point donné au chef du service de la douane.

80.
Accidents de force majeure.

L'administration de la marine, dépositaire des objets sauvés, n'est tenue, en aucun cas, des accidents de force majeure. (*Application de l'art. 1929 du Code civil.*)

81.
Bénéficiement des marchandises avariées.

Si des marchandises se trouvent avariées, le commissaire de l'inscription les fait visiter par des experts [2], et, sur leur avis, il ordonne ce qui paraît le plus expédient pour les remettre dans le meilleur état possible. Dans cette occasion, le commissaire dresse procès-verbal de l'état où les marchandises ont été trouvées par la visite, en distinguant, autant que faire se peut, leurs marques et numéros, avec énonciation des mesures prises pour leur réparation et conservation.

L'opération de bénéficiement terminée, il dresse un nouveau procès-verbal, pour constater l'état où les marchandises ont été mises (VALIN, *sur l'art. 14 de l'ordonnance de 1681*), et ces marchandises sont

---

[1] Le gouvernement peut, par un réglement d'administration publique, former des magasins de sauvetage dans les ports où il le juge utile. (*Loi du 16 septembre 1807, art. 61.*) Il en est établi au Havre et à Quillebœuf.

[2] Ces experts sont nommés par le tribunal de commerce, et, à défaut du tribunal de commerce, par le juge-de-paix.

rétablies en magasin , si elles en ont été extraites. (*Décret du 6-22 août 1791 , art. 3.*)

82.
Cas où les réclamateurs peuvent intervenir dans cette opération.

Le réclamateur nanti de titres provisoirement admis par le commissaire de l'inscription est autorisé à intervenir avec droit de direction dans les opérations pour le bénéficiement de ses marchandises : il acquitte tous les frais de ce travail. S'il le requiert par écrit , on procède à la vente immédiate. (*Circulaire du 24 octobre 1828 , Prises.*)

83.
Qui assiste aux opérations de bénéficiement.

Les opérations de bénéficiement ne peuvent avoir lieu qu'en présence des préposés des douanes, qui sont tenus d'y assister à la première réquisition qui leur en est faite , à peine de demeurer responsable des événements. (*Décret du 6-22 Août 1791 , titre 7, art. 3.*)

84.
Soins à donner au navire après le sauvetage.

Le commissaire de l'inscription doit faire et ordonner , suivant l'exigence du cas , ce qui lui paraît nécessaire ou même utile pour la conservation du navire. (*Déclaration du roi , du 10 janvier 1770 , art. 15.*)

85.
Durée du dépôt en magasin.

Les objets restent déposés en magasin un an et un jour , pour être rendus aux propriétaires s'ils se présentent dans cet intervalle. (*Réglement du 17 juillet 1816 , art. 26.*)

A défaut de réclamation durant ce délai les objets sont vendus. (*Réglement du 23 août 1739 , art. 2.*)

86.
Objets préhendés pour le service.

Après l'an et jour de non réclamation, les bois de construction et autres objets propres au service peuvent être acquis par l'administration de la marine, qui les prend sur estimation , en en payant immédiatement le valeur , sinon ils sont vendus comme les autres objets. (*Réglement du 17 juillet 1816 , art. 26.*)

87.
Vente pour payer les frais de sauvetage.

S'il ne se présente pas de réclamateur dans le délai de trente jours à compter de celui du naufrage , il peut être procédé à la vente des objets les plus périssables , et le produit de cette vente , faite publiquement et en présence du capitaine , s'il se trouve encore sur les lieux, est employé à payer les frais de sauvetage. (*Ordonnance de 1681, art. 13.* — *Décret du 9-13 août 1791, titre 1ᵉʳ, art. 6.* — *Instruction du 1ᵉʳ octobre 1814.*)

On fait choix particulièrement des objets dont l'entretien serait très coûteux , tels que des animaux vivants ou des objets qui ne pourraient être réclamés que pour être vendus promptement , tels que les débris du navire, ou le sucre et autres marchandises avariées.

S'il n'y a pas de marchandises périssables, on doit vendre seulement jusqu'à concurrence des frais à payer. (**Valin**, *sur l'art.* **13**.)

88.
Vente des objets avariés ou non susceptibles d'être conservés.

De même , si le dommage arrivé à des effets sauvés est tel qu'il ne puisse être réparé, ou si ces effets ne sont pas susceptibles d'être conservés, le commissaire de l'inscription doit les faire vendre (*Ordonnance de 1681, art.* 15), après avoir fait constater l'urgence par des experts assermentés. (*Circulaire du 5 mai 1837, Prises.*)

Le commissaire de l'inscription peut également procéder à la vente du navire sans attendre le délai fixé, si , sur l'avis de trois experts nommés comme il est dit ci-après, article 106 , ledit navire est jugé hors d'état d'être relevé et réparé. (*Déclaration du roi, du 10 janvier 1770, art.* 14.)

89.
Recherche des propriétaires.

Le commissaire de l'inscription doit sans délai rechercher les propriétaires des objets sauvés, et les inviter à se mettre en mesure d'en prendre possession. (*Circulaires des 7 août 1829, Invalides,* et 12 *février* 1836, *Prises.*)

90.
Réalisation des effets de portefeuille.

Il fait présenter par le trésorier des invalides les effets de portefeuille à l'acceptation et au paiement ; mais il ne doit intervenir en aucune sorte dans ce qui se rapporte au recouvrement matériel des valeurs : c'est au trésorier qu'il appartient exclusivement de donner quittance. (*Circulaire du* 19 *septembre* 1828, *Invalides.*) Le produit des recouvrements est versé à la caisse des gens de mer. (*Circulaire du 7 août 1829, Invalides.*)

91.
Refus de paiement.

En cas de refus de paiement , le commissaire de l'inscription le fait constater par les voies légales , et l'avance des frais est supportée par la caisse des invalides, sauf remboursement sur les réalisations. (*Circulaire du 19 septembre 1828, Invalides.*)

92.
Cas où le recouvrement est laissé aux parties intéressées.

Lorsque les valeurs sont réclamées , ou au moment de l'être , le commissaire et le comptable doivent laisser le soin des recouvrements aux parties intéressées. (*Même circulaire.*)

93.
Réalisation et vente après un an de dépôt.

Si personne ne se présente pour réclamer les objets en nature pendant un an, les billets de banque sont réalisés, les bijoux et les monnaies étrangères qui n'ont pas été réalisées sont vendus aux enchères publiques, d'après décision du ministre , et le produit est versé à la caisse des gens de mer. (*Circulaire du 7 août 1829.*)

94.
Réalisation immédiate des monnaies étrangères ayant cours en France.

Quant aux monnaies étrangères ayant un cours authentique en France, sans attendre l'expiration de ce premier délai d'un an, le commissaire de l'inscription peut s'occuper d'en réaliser la valeur , pour le montant être pareillement versé au service *Gens de mer*. (*Circulaire du 11 août 1832, Invalides, n° 1758.*)

95.
Forme des recettes.

Les billets de banque , traites sur le trésor public et autres effets de portefeuille, renfermés dans la caisse de sûreté , au lieu d'être laissés en dehors de la comptabilité proprement dite, sont portés immédiatement en recette au service *Gens de mer* par le débit du compte de valeurs *Effets à recevoir*. A l'époque de la réalisation en numéraire, le compte des effets à recevoir est crédité par le débit de la caisse. S'il n'y a pas réalisation , l'article passé aux *Effets à recevoir* est balancé par une dépense correspondante au service *Gens de mer*. (*Même circulaire.*)

SECTION II.

Ventes.

96.
Par qui les ventes sont faites.

La vente des objets provenant de naufrage ou échouement est attribuée exclusivement aux commissaires de l'inscription maritime [1]. Les commissaires-priseurs en France et les encanteurs dans les colonies n'ont pas qualité pour y procéder. (*Circulaire du 20 avril 1832, Prises.*)

Toutefois les agents du domaine sont chargés de la vente des objets reconnus hors de service et provenant des bâtiments de l'Etat. (*Circulaire du 5 janvier 1829.*)

97.
Ont lieu avec concurrence et publicité.

Toute vente doit avoir lieu avec concurrence et publicité. (*Commission d'enquête, 1832, page 58, Document officiel.*)

98.
Sont exemptes de déclaration préalable au domaine.

Les administrateurs de la marine ne sont pas assujettis à faire au domaine la déclaration préalable des ventes auxquelles ils doivent procéder, ni à tenir un répertoire de ces actes de vente. (*Circulaire du 26 décembre 1808, Invalides et prises.*)

99.
Doivent être autorisées par l'administrateur en chef du sous-arrondissement.

Préalablement à toute vente, le commissaire de l'inscription prend les ordres de l'administrateur en chef de l'arrondissement ou du sous-arrondissement. Il adresse à cet administrateur supérieur l'inventaire détaillé des objets qu'il se propose de vendre ; il lui fait connaître en même temps le jour, le lieu et les conditions de la vente.

Lorsque sa demande lui est revenue approuvée, il fait annoncer la vente par affiches dans les communes et ports voisins, et par insertion dans les journaux.

100.
Affiches.

Les affiches de vente émanant d'une autorité publique, peuvent être sur papier blanc (*Décret du 22-28 juillet 1791*), et ne sont pas assujetties au timbre. (*Loi du 9 vendémiaire an VI, art. 56.*)

[1] A défaut des armateurs, propriétaires, subrécargues et correspondants, l'officier d'administration de la marine sera chargé du sauvetage et de *tout* ce qui concerne les naufrages. (*Arrêté du 17 floréal an IX.*)

101.
Délai.

Le délai entre les affiches et la vente est ordinairement d'un mois ; on l'abrége lorsqu'il s'agit d'objets de peu d'importance ou qu'il y a urgence.

102.
Les magasins doivent être ouverts avant la vente.

Les magasins doivent être ouverts avant la vente afin que l'on puisse voir les marchandises et juger de leur valeur.

103.
Lots.

Il ne doit être fait aucune vente en bloc, sous quelque prétexte que ce puisse être, à l'exception du bâtiment, de ses agrès, apparaux, ustensiles et artillerie.

Les lots doivent être établis de telle sorte qu'un plus grand nombre de personnes pouvant enchérir, la vente en puisse être plus aisée et plus avantageuse.

104.
Cas où la vente peut être différée.

Lorsque, par suite de collusion entre les enchérisseurs, les marchandises ne sont pas à beaucoup près portées à leur valeur, le commissaire de l'inscription, dans l'intérêt des parties intéressées, peut différer l'adjudication.

105.
Les administrateurs de l'inscription ne peuvent se rendre adjudicataires.

Il est défendu aux commissaires de l'inscription de se rendre directement ou indirectement adjudicataires des marchandises vendues d'après leurs ordres ou par leur entremise. (*Ordonnance de* 1681, *art.* 16. — *Code pénal, art.* 75.)

106.
Vente de navire.

Avant de procéder à la vente d'un navire échoué avec bris, le commissaire de l'inscription doit renvoyer le capitaine à se pourvoir devant le tribunal de commerce, et, à défaut de tribunal de commerce, devant le juge-de-paix le plus voisin du lieu de l'échouement, à l'effet de faire nommer les experts appelés à donner leur avis sur les deux points essentiels à constater pour justifier le délaissement vis-à-vis des assureurs ; savoir :

1° L'état absolu d'innavigabilité du navire ;

2° L'impossibilité de le relever et de le réparer.

Si le bâtiment naufragé a été abandonné par son équipage, le commissaire agit d'office auprès du tribunal de commerce comme l'aurait fait le capitaine pour faire nommer les experts. (*Circulaire du* 6 *novembre* 1829, *Prises.*)

Lorsque des marchandises doivent être vendues, le commissaire de l'inscription fait signifier aux préposés des douanes, au bureau le plus voisin du lieu du naufrage, le jour de la vente avec fixation d'un délai suffisant pour qu'ils puissent y assister; le tout à peine par le commissaire d'être responsable des droits sur la totalité des marchandises portées au procès-verbal de reconnaissance et de description. Les préposés des douanes sont présents à la vente, ils doivent veiller à ce que les adjudicataires des marchandises observent les formalités prescrites pour les déclarations, visites et acquits des droits. (*Décret du 6–22 août 1791, art. 4.*)

107.
Vente de marchandises; les préposés des douanes doivent en être prévenus.

Le trésorier des invalides doit être présent à la vente des bijoux et des monnaies étrangères, et une copie du procès-verbal de vente doit être adressée directement par le commissaire de l'inscription au ministre de la marine. (*Circulaire du 11 août 1832, Invalides, n° 1758.*)

108.
Vente de bijoux et monnaies étrangères.

Dans le cas de vente sur la demande par écrit d'un réclamateur nanti de titres provisoirement admis, la vente est faite, lui présent, par le commissaire de l'inscription. Ce dernier doit s'interposer, s'il y a lieu, auprès des administrations financières afin d'en obtenir les mêmes facilités et ménagements que lorsqu'il agit seul. Les deniers provenant de la vente sont, jusqu'à la réponse de l'administration supérieure, déposés dans la caisse des gens de mer. (*Circulaire du 24 octobre 1828, Prises.*)

109.
Vente sur la demande d'un intéressé.

Lorsque le naufrage d'un bâtiment ne peut être considéré comme un événement fortuit et qu'il paraît au contraire que l'échouement a été fait à dessein, pour faciliter l'introduction de marchandises prohibées, le produit de la vente du navire et de sa cargaison est adjugé au profit de l'Etat. (*Décret du 30 novembre 1811, MERLIN, Répertoire.*)

110.
Vente au profit de l'État.

Les marchandises prohibées à l'entrée ne sont vendues qu'à la charge du renvoi à l'étranger : elles sont transportées sous la conduite des préposés des douanes, et aux frais de l'adjudicataire, au port le plus voisin; là, elles sont mises en entrepôt sous la clef des préposés à la perception

111.
Vente de marchandises prohibées à charge de réexportation.

jusqu'à l'exportation, qui ne peut être différée au-delà du délai de trois mois à compter du jour de la remise des marchandises aux adjudicataires, sous peine de confiscation.

Il est défendu d'en faire la remise pure et simple aux adjudicataires, à peine d'être condamné au paiement de la valeur et de l'amende de 500 francs. (*Décret du 6-22 août 1791, tit. 7, art. 6.*)

Les marchandises prohibées peuvent être expédiées par des bâtiments d'un tonnage quelconque pour un port d'entrepôt réel, sous plomb et sous acquit-à-caution énonçant leur provenance et l'obligation de les réexporter à l'étranger. La réexportation peut avoir lieu ensuite par des bâtiments de 60 tonneaux et au-dessus. (*Circulaire du 29 juin 1822, Prises.*)

112.
Navires qui peuvent être francisés.

Les navires étrangers naufragés et vendus peuvent être francisés lorsqu'ils ont subi un radoub ou des réparations égalant le quadruple du prix de leur vente. (*Décret du 27 vendémiaire an 11, art. 7.*)

113.
Vente de marchandises prohibées pour la consommation intérieure.

Lorsque des marchandises prohibées sauvées d'un naufrage sont tellement avariées qu'elles ne peuvent pas être exportées sans le risque d'une perte totale, les adjudicataires ou propriétaires ont la faculté de les faire vendre publiquement pour la consommation intérieure, à la charge de payer après la vente, entre les mains des préposés à la perception, le droit de 15 p. 0/0 sur le produit de la vente, pour le montant de ce droit être remis au trésorier des invalides de la marine le plus prochain [1]. (*Décret du 6-22 août 1791, tit. 7, art. 6. — Circulaire du 22 août 1825, Prises.*)

Ce droit de 15 p. 0/0 doit être perçu au profit de la caisse des invalides dans tous les cas d'admission exceptionnelle de marchandises absolument prohibées, c'est-à-dire d'objets qui autrement ne pourraient pas obtenir l'entrée dans le royaume. Mais la même disposition ne s'étend pas

[1] Cette disposition avait été abrogée par l'art. 7 de la loi du 1er mars 1793, mais la loi du 4 germinal an 11, titre 2, art. 11, a replacé les marchandises naufragées sous l'empire du décret du 6-22 août 1791.

aux objets qui sont passibles d'un droit d'entrée consigné au tarif, et dont l'admission est seulement subordonnée à certaines conditions particulières. (*Circulaire du 9 avril 1839, Prises.*)

Le produit de 15 p. 0/0 est classé aux *recettes diverses* de la caisse des invalides. (*Dépêche, Dunkerque, du 11 janvier 1822*, et *Circulaire du 28 septembre 1824, Invalides.*)

114.
Droit de préemption.

Dans les cas de ventes de marchandises avariées par suite d'événements de mer, l'administration des douanes peut, dans les vingt-quatre heures, déclarer qu'elle prend l'adjudication à son compte en payant 5 p. 0/0 au dernier enchérisseur. (*Loi du 21 avril 1818, art.* 53.)

C'est au commissaire de l'inscription qui a procédé à la vente, que l'acte de préemption portant opposition à la remise des marchandises doit être notifié juridiquement dans les vingt-quatre heures de la vente. Cet acte doit être enregistré. (*Tarif des douanes de 1822, p.* 17.)

115.
Vente de comestibles et substances médicinales avariés.

Aucune denrée comestible ou substance médicinale avariée ne peut être vendue que d'après une attestation délivrée par le magistrat chargé en chef de la police locale, portant que l'avarie de la marchandise n'est pas de nature à nuire à la santé. (*Loi du 21 avril 1818, art.* 57.)

116.
Poudres.

Les poudres, dans aucun cas, ne peuvent être exposées en vente. Elles doivent être déposées dans les magasins de la marine.

Si elles sont bonnes à être employées pour le service, et qu'elles ne soient pas réclamées, elles sont payées au même prix que celles livrées par l'administration des contributions indirectes; mais si, après vérification faite contradictoirement, elles ne sont pas admissibles pour le service de la marine, elles sont versées dans les magasins de l'administration des contributions indirectes, qui les paie en raison de la quantité de salpêtre qu'elles contiennent, et au prix fixé pour les salpêtres. (*Loi du 13 fructidor an 5, art.* 32.)

117.
Procès-verbaux de vente.

Les procès-verbaux de vente d'objets naufragés doivent énoncer le lieu, le jour et l'heure où la vente s'est faite , l'autorisation du commissaire-général en vertu de laquelle il y a été procédé ; la présence du receveur de la douane à l'opération , et les conditions de la vente.

Ils doivent faire connaître en outre si la vente a eu lieu par urgence , ou après l'an et jour de dépôt ; s'il y a eu concurrence et publicité.

Chaque séance de vente doit être close et signée par le commissaire de l'inscription ; chaque objet adjugé est porté de suite au procès-verbal ; le prix y est écrit en toutes lettres et tiré hors ligne en chiffres , sous peine de 15 fr. d'amende. (*Loi du 22 pluviose an* 7, *art.* 5 *et* 7.)

Toute altération de prix faite dans le procès-verbal est punie de 100 fr. d'amende , indépendamment de la restitution du droit et des peines de faux. (*Même loi , art.* 7.)

Si quelque marchandise est retirée de la vente comme n'ayant pas été portée à sa juste valeur, il en est fait mention dans le procès-verbal d'adjudication.

118.
Sont rédigés sur timbre.

Les procès-verbaux de vente , sans distinction , doivent être rédigés sur timbre , et communiqués sans déplacement aux préposés des domaines toutes les fois qu'ils le requièrent. (*Circulaire du* 7 *août* 1809 , *Prises.*)

119.
Sont assujettis à l'enregistrement.

Ils sont assujettis à un droit d'enregistrement fixe ou proportionnel. (*Lois du* 22 *frimaire an* 7, *art.* 69, § 5 , *et du* 27 *ventose an* 9, *art.* 7. — *Circulaire du* 7 *août* 1809, *Prises.*)

Le droit fixe s'applique aux ventes de navires soit totales , soit partielles , ainsi qu'aux ventes de marchandises avariées par suite de naufrage. Ce droit est d'un franc et le dixième en sus. (*Lois du* 21 *avril* 1818 , *art.* 56 *et* 64 , *et du* 6 *prairial an* 7, *art.* 1er. — *Circulaire du* 7 *avril* 1821 , *Prises.*)

Le droit proportionnel est perçu sur les ventes de marchandises non avariées. (*Circulaire du* 14 *septembre* 1827 , *Prises.*) Ce droit est assis sur les valeurs ; il est fixé à 2 p. 0,0 (*Loi du* 22 *frimaire an* 7 , *art.* 4 *et* 69) , et le dixième en sus. (*Loi du* 6 *prairial an* 7, *art.* 1er.)

La perception de ce droit a lieu sur le montant des sommes que contient cumulativement le procès-verbal des séances. (*Loi du 22 pluviose an 7, art. 6.*) Elle suit les sommes de 20 fr. inclusivement et sans fractions. (*Loi du 27 ventose an 9, art. 2.*)

Le droit proportionnel ne porte que sur le produit de la vente, et n'est pas dans le cas d'être perçu sur les droits de douane dont l'objet vendu serait passible. (*Décision du ministre des finances, du 30 octobre 1810.*)

120.
Mode de perception du droit pour les marchandises avariées.

Dans les cas de ventes de marchandises avariées, il est procédé pour la perception du droit d'enregistrement de la même manière que les agents des douanes l'ont fait pour la perception des droits de douane, par séparation et triage [1]. Voir art. 178. (*Circulaire du 14 septembre 1827, Prises.*)

121.
Mention du droit de douane dans les procès-verbaux de vente.

Le droit d'enregistrement dépendant de celui de douane, il est nécessaire de consigner dans les procès-verbaux de vente le droit de douane fixe ou proportionnel. (*Circulaire du 12 avril 1833, Prises.*)

122.
Délai pour l'enregistrement.

Les procès-verbaux de vente doivent être présentés à l'enregistrement dans les vingt jours de leur première date. (*Loi du 27 ventose an 9, art. 7. — Circulaire du 17 nivose an 11, Prises.*)

123.
Frais.

Il ne doit être mis à la charge des acquéreurs aucune espèce de frais autres que les droits de douane ou d'octroi, dont les objets vendus seraient passibles. (*Circulaire du 13 mars 1841, Prises.*)

124.
Paiement des droits de douane

Après la vente, le commissaire de l'inscription délivre à chaque acquéreur un extrait du procès-verbal d'adjudication, lequel contient en toutes lettres la quantité de la chose adjugée et le prix de l'adjudication : cet extrait est présenté ensuite par l'acquéreur au receveur des douanes pour acquitter les droits s'il y a lieu.

---

[1] Dans le cas de destruction de marchandises avariées, il est procédé de la même manière. (*Circulaire du 14 septembre 1827, Prises.*)

125.
Délivrance des objets vendus.

La délivrance des objets vendus doit se faire au lieu où était au temps de la vente la chose qui en a fait l'objet, s'il n'en a été autrement convenu. (*Code civil, art.* 1609.)

L'adjudicataire, pour être mis en possession, doit justifier au commissaire de l'inscription maritime de la quittance du trésorier des invalides (*Circulaire du* 13 *avril* 1824, *Prises*) et du paiement des droits de douane, pour les objets qui en sont passibles. (*Décret du* 6-22 *août* 1791, *tit.* 13, *art.* 30.)

126.
Vente à la folle enchère.

L'adjudicataire est tenu de prendre livraison dans les délais fixés ; faute par lui de le faire, la marchandise est revendue à la folle enchère, et à ses périls et risques, trois jours après la sommation qui lui a été faite de recevoir, et sans qu'il soit besoin de jugement. (*Décret du* 17 *avril* 1812, *art.* 9.)

127.
Versement des produits de vente à la caisse des gens de mer.

Les produits *bruts* de ventes sont versés sur-le-champ dans la caisse des gens de mer [1] au chapitre *Bris et Naufrages*, sauf à imputer sur ces produits les dépenses qui s'y rapportent. (*Réglement du* 17 *juillet* 1816, *art.* 26. — *Circulaires du* 29 *novembre* 1823 *et du* 12 *octobre* 1835, *Invalides.* — *Dépêches du* 29 *avril* 1836, *Toulon, même timbre.*)

128.
Forme des recettes à cette caisse.

La recette de ces produits à la caisse des gens de mer s'effectue sur mandat du commissaire de l'inscription accompagné pour chaque versement d'un état de remise dressé d'après les procès-verbaux de vente. (*Même réglement, art.* 28.)

129.
Toute subvention est interdite.

Aucune subvention ne doit être imposée aux adjudicataires des bris et naufrages en sus du prix de vente. (*Dépêche du* 30 *septembre* 1820, *Prises.*)

---

[1] Les produits de vente d'objets provenant de bâtiments ennemis naufragés sont comme les autres versés à la caisse des gens de mer. (*Circulaire du* 6 *décembre* 1813, *Invalides.*) Cette disposition toutefois ne nous semble applicable qu'au naufrage qui résulterait d'une fortune de mer ; car, s'il était l'effet d'une poursuite faite par un bâtiment de guerre ou par un corsaire, il y aurait prise, et ce serait alors à la caisse des prises que le dépôt devrait être fait.

Les trésoriers des invalides ne doivent pas se déplacer pour recevoir le prix des ventes ; les adjudicataires sont tenus de leur faire parvenir le prix de leurs adjudications.

Toutefois il est fait exception à cette règle pour le littoral du 1er arrondissement maritime. Les trésoriers y ont la faculté de se rendre aux ventes lorsqu'elles sont de quelque importance et lorsque les lieux où elles s'opèrent se trouvent à une certaine distance de leur domicile. (*Circulaire du 13 avril 1824 et dépêche du 23 mai 1825, Prises, Havre.*)

Les produits de ventes demeurent déposés dans la caisse des gens de mer un an et jour. (*Règlement du 17 juillet 1816, art. 34.*)

Au 15 février de chaque année, s'il n'y a pas eu de réclamation, les produits de bris et naufrages, déposés à la caisse des gens de mer et qui, à la fin de la gestion précédente, ont accompli la durée légale du dépôt, sont versés à la caisse des invalides, chapitre *Bris et Naufrages*. Cette recette à la caisse des invalides s'effectue sur un mandat du commissaire de l'inscription. (*Règlement du 17 juillet 1816, art. 38 et 64.— Circulaire du 12 octobre 1835, Invalides.*)

CHAPITRE IV.

Revendication et remise des objets sauvés ou de leurs produits.

Les propriétaires des objets naufragés ont seuls le droit de réclamer ces objets ou le produit de la vente qui en aurait été faite.

Il faut néanmoins excepter, quant au navire, l'armateur, reconnu pour tel, parce qu'il en représente de droit tous les propriétaires. (**Valin**, *sur l'art. 25 de l'ordonnance de 1681.*)

134.
Justifications à faire.

Avant d'obtenir mainlevée, les réclamateurs sont tenus de justifier de leurs droits. (*Ordonnance de* 1681, *art.* 25.)

135.
Examen des titres.

C'est aux administrateurs de la marine à vérifier les titres produits ; mais, s'il y a contestation entre plusieurs réclamateurs, le tribunal de commerce est appelé à pronoucer. (*Circulaire du* 19 *septembre* 1818, *Prises.*)

136.
Fondés de pouvoir.

L'armateur et les propriétaires du navire ou des marchandises peuvent se faire représenter par un porteur de leurs pouvoirs. Celui-ci doit produire, outre son mandat, les titres justificatifs des droits de son mandant. (*Ordonnance de* 1681, *art.* 25.)

137.
Productions à faire pour le navire.

En ce qui concerne le corps du navire ou ses débris, les réclamateurs doivent produire l'acte de propriété ou celui de francisation, et, à défaut de ce dernier, un certificat du bureau de la douane où la francisation a eu lieu faisant connaître les intéressés dans le navire. Un contrat d'affrètement ne suffirait pas, parce qu'il se peut qu'on affrète un navire sans en être propriétaire en entier. (*Ordonnance de* 1681, *art.* 25, *Texte et commentaire de* VALIN.)

138.
Le capitaine n'est pas admis à réclamer.

Le capitaine perdant sa qualité dans le cas de naufrage ne peut être considéré comme représentant de droit les propriétaires, et il n'est admis à réclamer qu'autant qu'il justifie d'une procuration en bonne et due forme de chaque intéressé ou de l'armateur. (*Circulaire du* 17 *nivose an* XIII, *Prises.*)

139.
Exceptions.

Cependant si le navire a été relevé et mis en état de continuer son voyage, les choses se trouvant dans la même position que s'il n'y avait pas eu de naufrage et le capitaine étant tenu, aux termes de l'art. 238 du Code de commerce, d'achever le voyage pour lequel il s'est engagé, sous peine de dépens, dommages et intérêts soit envers les propriétaires, soit envers les affréteurs, la remise du navire et des marchandises peut lui être faite sans qu'il soit obligé de produire une procuration des intéressés. Il en est de même pour les marchandises seulement, lorsque le navire est entièrement brisé, et que le capitaine, pour se conformer à ce que prescrit l'art. 296 du Code de commerce, veut continuer son voyage avec un autre navire qu'il loue; mais, dans ces deux cas, la remise ne doit avoir lieu qu'après le sauvetage terminé et les frais payés. Il faut aussi, avant la remise, que l'état des marchandises soit constaté par des experts nommés par le tribunal de commerce.

Par une conséquence naturelle, la procuration du capitaine n'est pas suffisante pour établir un réclamateur légal, si ce capitaine n'a pas lui-même reçu des propriétaires ou de l'armateur des pouvoirs à l'effet de les représenter. (*Circulaire du 17 nivose an* XIII, *Invalides.*)

140.
Il ne peut établir de réclamateur légal que lorsqu'il en a reçu le pouvoir.

En tout ce qui concerne l'intérêt commun des propriétaires d'un navire, l'avis de la majorité devant être suivi, il en résulte qu'un mandat émanant de cette majorité et donnant pouvoir de réclamer, dans l'intérêt commun, le navire naufragé ou ses débris, peut être admis par l'administration.

141.
Le mandat de la majorité des propriétaires du navire est un pouvoir suffisant.

La majorité se détermine par une portion d'intérêt dans le navire excédant la moitié de sa valeur. (*Application de l'art.* 220 *du Code de commerce.*)

Pour les marchandises, les titres à fournir sont les connaissements, factures et autres pièces semblables. (*Ordonnance de* 1681, *art.* 25.) Le manifeste ne serait pas un titre suffisant, attendu qu'il ne désigne pas les propriétaires.

142.
Titres à produire pour les marchandises.

Lorsque le propriétaire des marchandises ne peut produire ni les connaissements, ni les factures, l'administration peut admettre la preuve testimoniale. (*Code de commerce, art.* 109); mais elle en doit user avec la plus grande réserve.

143.
Preuve testimoniale.

Le mandat portant pouvoir peut être donné ou par acte public ou par écrit sous seing privé.

144.
Forme du mandat.

Les pouvoirs résultant de la correspondance commerciale doivent aussi être regardés comme suffisants, et le correspondant du chargeur peut se faire reconnaître comme mandataire, par la production des lettres qui le désignent en cette qualité, sans qu'il soit nécessaire qu'elles portent commission expresse et spéciale pour suivre les intérêts relatifs à l'événement du naufrage qui ne s'y trouve pas énoncé.

A défaut de correspondance, l'endos est également admis pour procuration donnée au réclamateur qui présente ce titre à lui transmis ou par le chargeur ou par l'assureur. (*Code civil, art.* 1985. — *Circulaire du* 17 *juin* 1820, *Prises.*)

145.
Réclamation présentée par les assureurs.

Lorsque la réclamation de mainlevée est présentée par les assureurs au lieu et place des chargeurs, le commissaire de l'inscription doit se faire produire, outre le connaissement, la signification de délaissement, comme la preuve la plus régulière de la substitution. Toutefois, à défaut de signification, il suffit de l'endos du connaissement par le chargeur à l'ordre de l'assureur. (*Circulaire du* 17 *juin* 1820, *Prises.*)

Le délaissement des objets assurés ne peut être partiel ni conditionnel. (*Art.* 372 *du Code de commerce.*)

146.
Par les prêteurs à la grosse.

Les prêteurs *à la grosse* ont droit sur les débris du navire ou sur ce qui reste des objets affectés au prêt, ils peuvent s'en faire rendre compte par quiconque s'en trouve dépositaire ou en a touché le prix. (Pardessus, *Droit commercial, n°* 921 *et* 923); ils peuvent donc se porter réclamateurs des objets sauvés ou de leurs produits. Toutefois le paiement des sommes empruntées est réduit à la valeur des effets sauvés et affectés au contrat, déduction faite des frais de sauvetage. (*Code de Commerce, art.* 327.) Les pièces à produire pour obtenir la mainlevée sont naturellement, pour le navire, le contrat de prêt, et pour les marchandises, ce même contrat, et de plus les connaissements ou autres pièces propres à prouver que les marchandises sauvées sont celles qui ont été affectées au prêt.

147.
Comment les prêteurs à la

S'il y a contrat à la grosse et assurance sur le même navire ou sur le même chargement, le produit des effets sauvés du naufrage est partagé entre le prêteur à la grosse, pour son capital seulement, et l'assureur pour les sommes assurées, au marc le franc de leur intérêt respectif. (*Code de commerce, art. 331.*)

grosse concourent avec les assureurs.

148.
Droit de revendication conféré à certains consuls.

Les consuls ou agents consulaires suédois et belges doivent, toutes les fois qu'ils en font la demande et sans qu'ils aient besoin de produire un pouvoir spécial des intéressés, obtenir de l'administration, qui reste chargée de la gestion des sauvetages, la remise des navires naufragés de leurs nations, ainsi que des effets en provenant, sous la réserve du paiement des frais et indemnités de sauvetage, et sans préjudice des formalités imposées envers l'administration des douanes. (*Circulaires des 15 février 1820, Police de la navigation, et 4 mai 1832, Prises.*)

149.
Forme des demandes en mainlevée.

Les commissaires de l'inscription sont tenus, après avoir vérifié les titres des réclamateurs, de prendre sur les restitutions l'avis du commissaire-général et les ordres du préfet maritime. Dans les sous-arrondissements, c'est le sous-commissaire chargé du contrôle qui est appelé à donner son avis sur les restitutions, et la décision est prise par l'administrateur supérieur [1]. (*Règlement du 17 juillet 1816, art. 36.— Circulaire du 17 juin 1820, Prises.*)

Lors donc que des objets provenant de bris et naufrages ou le produit de ces objets, déposé soit dans la caisse des gens de mer, soit dans celle des invalides, sont réclamés par les parties intéressées, les commissaires de l'inscription adressent au chef-lieu d'arrondissement ou de sous-arrondissement un état de demande en mainlevée accompagné du procès-verbal de sauvetage et des titres des réclamateurs; ils y joignent le procès-verbal de vente, si les objets ont été vendus.

Ces réclamations en mainlevée doivent être traitées par urgence au quartier du naufrage ainsi qu'au chef-lieu d'arrondissement ou de sous-arrondissement. (*Circulaire du 24 octobre 1828, Prises.*)

[1] On ne doit admettre de recours, contre cette décision, qu'au ministre de la marine.

La remise des marchandises dont la réclamation a été jugée valable se fait sans aucuns frais. (*Déclaration du roi du* 10 *janvier* 1770, *art.* 21.)

Lorsque les marchandises de divers chargeurs sont confondues sans pouvoir être distinguées, elles sont partagées proportionnellement et d'après les actes constatant leur chargement. (PARDESSUS, *Droit commercial*, *n°* 747.)

C'est sur les ordres ou mandats du commissaire de l'inscription, appuyés de pièces justificatives, que s'effectue la restitution des objets provenant de naufrages, ainsi que le produit de ces objets déposé dans la caisse des gens de mer ou versé dans celle des invalides. (*Réglement du* 17 *juillet* 1816, *art.* 36, 65, 85 *et* 89.)

L'administration de la marine n'est tenue de rendre les objets sauvés que dans l'état où ils se trouvent au moment de la restitution. Les détériorations qui ne sont pas survenues par son fait sont à la charge des propriétaires. (*Application de l'art.* 1933 *du Code civil.*)

Les propriétaires des objets sauvés doivent rembourser les dépenses faites pour leur conservation. L'administration peut retenir ces objets jusqu'à l'entier paiement des frais. (*Application des art.* 1947, 1948, 1949 *et* 1951 *du Code civil.*)

Les marchandises prohibées ne peuvent être remises à ceux qui les réclament qu'à charge de renvoi à l'étranger. Pour le mode de réexportation, voir l'art. 111. (*Décret du* 6–22 *août* 1791, *tit.* 7, *art.* 6.)

Avant de remettre les denrées comestibles ou les substances médicinales avariées, le commissaire doit obtenir la preuve qu'elles sont sans danger pour la santé publique. (*Loi du* 21 *avril* 1818, *art.* 57.)

Pour prévenir les embarras qui pourraient résulter de ce que des intéressés, non représentés lors de la répartition des frais, viendraient à contester le travail du commissaire de l'inscription après que mainlevée aurait été donnée à des parties présentes, l'administration ne doit accorder mainlevée aux intéressés qu'après avoir fait souscrire à chacun d'eux l'o—

bligation expresse, en cas de changements ultérieurs faits à la répartition par le tribunal de commerce, de verser dans la caisse des invalides, sur la simple production du jugement et à la première demande, l'excédant de frais dont sa quote-part se trouverait grevée. Les chefs de service, lorsqu'ils le jugent nécessaire, peuvent exiger que l'obligation personnelle des intéressés présents reçoive la garantie subsidiaire d'une caution. (*Circulaire du 30 juin 1820, Prises.*)

157.
Remboursement des produits dans un port autre que celui où le versement a eu lieu.

Quand, sur la demande du propriétaire, le remboursement d'un produit de bris et naufrages doit être effectué dans un port autre que celui où le versement a été opéré, le paiement se fait par le trésorier de la résidence du réclamateur pour le compte de son collègue, lors même qu'il aurait lieu pendant le délai réglementaire de dépôt à la caisse des gens de mer, la voie des remises étant interdite pour les produits de cette nature. (*Instruction du 15 février 1813, page 9, note F. — Circulaires des 9 avril 1830 et 11 mars 1834, Invalides.*)

158.
Chapitre d'imputation des remboursements de produits versés à la caisse des invalides.

Le remboursement des produits de bris et naufrages, versés à la caisse des invalides, s'opère sur le chapitre *Remboursement de bris et naufrages*. (*Circulaire du 12 octobre 1835, Invalides.*)

159.
Oppositions mises par des créanciers.

Du moment où un litige est signalé par l'opposition des créanciers du propriétaire des effets sauvés, c'est un *devoir absolu* pour l'administration de suspendre la remise soit des effets en nature, soit des fonds déposés dans la caisse des gens de mer, jusqu'au jugement à intervenir entre les parties ou jusqu'à ce qu'il ait été donné mainlevée des oppositions elles-mêmes. Sans cette précaution, l'on s'expose à une prise à partie et à des répétitions.

Si l'opposition n'est signifiée qu'après la mainlevée administrative des produits, elle vient encore à temps lorsque l'ordre de remise n'a pas reçu son exécution, et il faut surseoir à la délivrance des effets sauvés. (*Circulaire du 14 mai 1825, Prises.*)

160.
Dépôt des pièces justificatives.

Les pièces justificatives des réclamations en mainlevée, au lieu d'être seulement exhibées et rendues, doivent rester entre les mains des com-

7

missaires de l'inscription soit en original, soit en copies dûment certifiées, afin de servir au besoin de garantie à sa responsabilité. S'il éprouve des doutes sur leur authenticité, il doit exiger que les signatures soient légalisées. (*Circulaire du 17 juin 1820, Prises.*)

161.
Rétribution allouée aux trésoriers.

Il est alloué aux trésoriers des invalides 0,15 c. par 100 fr. pour toute indemnité des frais de travail et de responsabilité que nécessite le dépôt dans la *caisse des gens de mer* des sommes provenant des naufrages ; mais cette rétribution n'est perçue par eux que lors de la remise des fonds à qui de droit pendant la durée légale du dépôt au service *Gens de mer*. (*Arrêté du 17 floréal an 9, art. 7. — Réglement du 17 juillet 1816, art. 81. — Circulaire du 9 avril 1830, Invalides.*) Et par ces mots, *à qui de droit*, il faut entendre naturellement le propriétaire des objets sauvés. (*Circulaire du 12 octobre 1835, Invalides.*)

162.
Cas où elle n'est pas due.

La rétribution ne leur est pas due lorsqu'il n'y a eu que des frais acquittés sans remboursement de produit net aux propriétaires. (*Circulaire du 12 octobre 1835, Invalides.*)

Il ne leur est également rien alloué sur les fonds de la caisse des gens de mer, versés dans la caisse des invalides faute de réclamation (*Réglement du 17 juillet 1816, art. 81*), ni sur les remboursements faits après le versement au service *Invalides*. (*Circulaire du 9 avril 1830, Invalides.*)

163.
Le trésorier y a droit sur les fonds versés pour frais.

Lorsque, pour éviter la vente d'une partie des marchandises sauvées, le propriétaire ou son représentant verse dans la caisse des gens de mer le montant approximatif des frais, en principe, le versement de ladite somme par le propriétaire étant l'équivalent d'une opération de vente, dès lors le droit du trésorier dépositaire lui est acquis au même titre. (*Circulaire du 25 janvier 1834, Invalides.*)

164.
Calcul de la rétribution.

La rétribution est calculée sur le montant brut des produits de vente encaissés au service *Gens de mer*, et non pas seulement sur la somme restant à remettre, prélèvement fait de toutes les dépenses de sauvetage. (*Circulaire du 9 avril 1830, Invalides.*)

Le trésorier du lieu où le sauvetage a été opéré doit seul recevoir la rétribution, même au cas où le remboursement s'effectuerait dans un autre port, sur la demande du propriétaire. (*Circulaires des 9 avril 1830 et 11 mars 1834, Invalides.*)

165.
Elle n'est due qu'au trésorier du lieu de sauvetage.

Le paiement de cette rétribution au profit du trésorier doit motiver l'émission d'un mandat en forme, et non pas avoir lieu par simple retenue sur le produit. (*Circulaire du 9 avril 1830, Invalides.*)

166.
Paiement.

CHAPITRE V.

Droits de douane.

Les marchandises provenant de bris et naufrages sont soumises à la législation des douanes comme toutes les autres marchandises. (*Avis du conseil d'état, du 18 juillet 1806.*)

167.
Les marchandises naufragées sont soumises à la législation des douanes.

Les objets sauvés, reconnus d'origine française, sont exempts des droits; ceux d'origine étrangère en sont passibles.

168.
Quels sont les objets passibles des droits et ceux qui en sont exempts.

En principe, toute marchandise provenant de naufrage est provisoirement réputée étrangère. L'origine française ne se présume pas ; dès lors, pour obtenir l'immunité, le fait de cette origine doit être prouvé.

L'origine française se manifeste par la vérification de l'espèce et par la preuve de l'expédition primitive d'un port de France. (*Circulaires du 24 août 1807, Invalides, et du 30 janvier 1832, Prises. — Circulaires de l'administration des douanes, du 19 mai 1815.*)

Lorsqu'il y a doute sur l'origine des marchandises sauvées d'un naufrage, des échantillons doivent être adressés au directeur–général des douanes, pour être soumis à l'expertise des commissaires du gouvernement près le ministre du commerce. (*Circulaire de l'administration des douanes, du 19 mai 1815.*) Cependant cette expertise n'a lieu que quand les indices fournis par la nature des objets et la forme des ballots établissent la présomption d'origine française, et que d'ailleurs cette présomption n'est pas

169.
Expertise en cas de doute sur l'origine des marchandises.

infirmée par les dépositions des marins échappés du naufrage, les papiers retirés de la mer, ou tous autres renseignements. (*Circulaire du* 13 *août* 1825, *Prises.*)

170.
Expertise locale pour les li-
quides en certains cas.

La reconnaissance des liquides provenant de naufrages a lieu à la douane du sauvetage, par deux experts que le receveur désigne, toutes les fois qu'il s'agit de quantités dont les droits, en supposant qu'ils dussent être payés, ne s'élèveraient pas à plus de 300 fr.

L'expertise a lieu de la même manière pour des quantités plus considérables, si le dépérissement est imminent et ne peut être prévenu ; dans ce dernier cas, si les experts nommés par la douane jugent que l'on peut surseoir sans péril, ou hésitent à déclarer l'origine française, l'on procède selon la règle générale, en adressant des échantillons au directeur-général. (*Circulaire du directeur-général des douanes, du* 5 *août* 1825, *et circulaire du ministre de la marine, du* 13 *du même mois, Prises.*)

171.
Marchandises qui peuvent être
vendues avant que l'origine
soit reconnue.

La vente des marchandises dont l'origine n'est pas encore reconnue est permise avant la solution de la question d'origine, lorsqu'il y a à craindre le progrès des avaries. L'administration de la marine contracte dans ce cas l'engagement de faire acquitter le droit par la caisse des invalides sur le produit de la vente, si en définitive la marchandise est déclarée étrangère. Mais afin que la caisse, qui se trouve éventuellement responsable envers la douane, ne reste pas sans gage si elle était débitrice, on doit, en cas de réclamation des propriétaires, ne pas se dessaisir des fonds avant que la douane ait justifié de la décision rendue sur la question d'origine. (*Circulaire du* 21 *octobre* 1820, *Prises.*)

172.
Réfaction de droits pour cause
d'avarie.

Les marchandises avariées par suite de naufrage, qui ne conservent plus la valeur fixée par le prix courant des *mêmes espèces* de marchandises, obtiennent une réduction de droits proportionnelle à leur dépréciation lorsqu'elle résulte d'une vente publique. (*Loi du* 21 *avril* 1818, *art.* 51.)

173.
Est demandée avant la vente.

La réfaction des droits est demandée à la douane avant de procéder à la vente, et c'est aux receveurs et aux vérificateurs de cette administration qu'il appartient de juger de l'existence de l'avarie et de sa cause. Si la décision négative des employés est contestée, on peut recourir aux experts du gouvernement que l'art. 19 de la loi du 17 juillet 1822 a institués pour statuer sur les doutes et difficultés qui peuvent s'élever pour l'application des droits. (*Circulaire de l'administration des douanes, du 10 novembre 1829.*)

174.
Marchandises non admissibles à la réfaction.

La réfaction des droits est refusée à des denrées de qualité non marchande, c'est-à-dire, qui, altérées antérieurement à leur embarquement, se trouveraient n'avoir pas d'analogues parmi celles dont le prix courant est établi. (*Même circulaire*).

Elle est également refusée aux fontes et fers, qui par leur nature ne sont pas susceptibles d'avarie par suite d'*événement de mer* ; toutefois, par exception spéciale, des fers provenant de sauvetage, qui par un long séjour à la mer seraient profondément oxidés, n'acquitteraient que les droits réduits. (*Lettre de l'administration des douanes, du 15 avril 1822.*)

175.
Prix-courant auquel on doit recourir.

C'est au moment de la vente que le cours doit être constaté ; ainsi, on doit recourir à la feuille de prix courant dont la date est la plus rapprochée du jour de la vente. A défaut de cote ou prix courant imprimé, on exige un certificat de deux courtiers de commerce attestant le prix de la marchandise, et l'on recourt au besoin à l'avis des chambres de commerce. (*Tarif des douanes, de 1822, p. 16, et Circulaire de l'administration des douanes, du 10 novembre 1829.*)

176.
Calcul de la réfaction.

Lorsqu'il y a lieu à établir la réfaction des droits, c'est le prix des marchandises de *même espèce* qui sert de point de départ, et non celui de *la plus basse qualité*. Ainsi, qu'il s'agisse de café, on commence par reconnaître l'*espèce* de la partie avariée : si c'est du Bourbon, par exemple, on rapproche le prix net obtenu à la vente du prix courant de cette espèce de café, non de toute autre d'une moindre valeur commune, et l'on réduit les droits au prorata de la différence qui se trouve entre le prix réel et le cours légal. (*Tarif des douanes de 1822, p. 16.*) [1].

177.
Est établi d'après le prix à l'acquitté.

Le prix du cours dont on doit faire application est celui de l'*acquitté*, attendu qu'il faut mettre ce prix courant en rapport avec le prix de la vente, laquelle ne peut elle-même avoir lieu qu'à *l'acquitté* [2]. (*Circulaire de l'administration des douanes*, *du* 10 *novembre* 1829.)

178.
Facilités accordées aux
propriétaires.

Les colis que l'on veut réexporter, vendre à l'enchère ou soumettre au triage, peuvent être séparés de ceux qui sont en état de supporter l'application pure et simple du tarif. Dans le cas où un colis serait avarié, on peut faire la même séparation de ce qui y est contenu, ce qui permet d'en former, par exemple, trois, dont l'un contiendrait la marchandise intacte, l'autre celle qui aurait peu souffert, et le troisième celle totalement avariée, pour payer l'intégralité du droit du tarif sur le premier, faire vendre le second et détruire le troisième en présence des préposés de la douane, s'il ne peut être vendu ou si la police s'y oppose. (*Loi du* 21 *avril* 1818, *art.* 55, *et Décision de l'administration des douanes*, *du* 18 *juin* 1818.)

Il est dressé procès-verbal lorsqu'on se trouve dans le cas de détruire des marchandises avariées, et ce procès-verbal est assujetti au droit fixe d'un franc pour son enregistrement. (*Même loi*, *art.* 55 *et* 56.)

179.
Tabacs.

Les tabacs en feuille et fabriqués sont prohibés à l'entrée, à moins qu'ils ne soient destinés pour la régie des contributions indirectes ou achetés par elle. (*Lois du* 28 *avril* 1816, *art.* 173, *et du* 7 *juin* 1820, *art.* 1er.) Les quantités qui n'ont pas été vendues à la régie sont exportées dans le délai de dix-huit mois. (*Loi du* 29 *floréal an* 10, *art.* 5, *et Circulaire du ministre des finances*, *du* 23 *janvier* 1815.)

Les tabacs en feuilles appartenant à la régie sont exempts de droits lorsqu'ils sont introduits par navires français venant de pays hors d'Europe. (*Loi du* 7 *juin* 1820, *art.* 1.)

---

[1] Le réglement des droits réduits se fait au moyen d'un calcul qui répond à cette question : la valeur de la marchandise saine à l'acquitté comprenant telle somme de droits, combien le prix de la vente en comprend-il ?

[2] Ce serait évidemment restreindre les enchères au préjudice des parties intéressées que de mettre à la charge des acheteurs le paiement des droits, lorsque la quotité de ces droits ne peut être connue qu'après la vente dont l'objet est d'en déterminer la fixation. En effet, qui est-ce qui voudrait hasarder des mises à prix un peu élevées, sans connaître à l'avance ce qu'il aura à payer.

Aucune réduction des droits d'entrée n'est faite par suite d'avaries pour les tabacs en feuilles ; mais les parties avariées peuvent être brûlées ou réexportées. (*Loi du* 29 *floréal an* 10, *art.* **7.**) Lorsque des parties de tabac sont brûlées, un employé supérieur des douanes (*Circulaire de l'administration des douanes, du* 14 *prairial an* 10) et le directeur des contributions indirectes de l'arrondissement assistent à l'opération. Il en est dressé procès-verbal par le commissaire de l'inscription.

180.
Ils ne sont pas admis à la réfaction.

Les marchandises provenant de naufrage, renvoyées à l'étranger soit immédiatement, soit dans les trois mois accordés par l'art. 111 ci-dessus, ne sont pas assujetties au droit de réexportation, quoiqu'elles aient été temporairement déposées sous la clé de la douane. Ce droit n'est dû que dans le cas où les marchandises sont dirigées sur un entrepôt réel et qu'elles sont admises dans cet établissement sous le bénéfice des lois générales. (*Lettre de l'administration des douanes du* 10 *mai* 1839.)

181.
Marchandises prohibées.

Les procès-verbaux de sauvetage et d'inventaire que signent les receveurs, et dont ils reçoivent expédition lorsqu'ils le demandent, tiennent lieu de déclaration d'entrée pour les marchandises auxquelles leur état de conservation permet d'appliquer intégralement le tarif des droits d'admission ; mais, pour celles que des avaries font admettre moyennant un droit proportionnel à leur valeur comparée au prix courant, l'administration des douanes peut exiger en outre une expédition du procès-verbal de vente. (*Circulaire du* 26 *mai* 1806, *et Dépêche* [Lorient] *du* 11 *décembre* 1839, *Prises.*)

182.
Les marchandises naufragées sont exemptes de déclaration d'entrée. — Exception.

CHAPITRE VI.
Frais.
—

SECTION Ire.
Salaire des travailleurs.

Ceux qui ont concouru au sauvetage d'un bâtiment échoué à la côte ont droit à un salaire réglé par le commissaire de l'inscription maritime [1]

183.
Les travailleurs ont droit à un salaire.

[1] Par la loi du 9-13 août 1791, le réglement des salaires était attribué au juge-de-paix ; mais

après la reconnaissance et vérification des objets sauvés. (*Déclaration du roi*, *du* 10 *janvier* 1770, *art.* 11. — *Décret du* 9–13 *août* 1791. — *Dépêche du* 27 *ventose an* 13, *Invalides.*)

Ils ne peuvent prétendre à l'indemnité du tiers. (*Décision du conseil des prises du* 20 *janvier* 1813.)

184.
Comment réglé.

Le commissaire de l'inscription ne doit pas avoir égard aux promesses et conventions faites par le capitaine ou les gens de l'équipage du bâtiment naufragé, lorsque le prix stipulé lui paraît exorbitant. (**Valin**, *sur l'art.* 11 *de l'ordonnance de* 1681.) Ces promesses et conventions sont nulles, comme n'ayant pas été faites librement. (*Articles* 1109, 1112 et 1113 *du Code civil.*)

Le salaire des voituriers est réglé sur la distance des lieux; celui des maîtres de barques, suivant les risques qu'ils ont courus, et celui des gens de métier, sur le prix ordinaire de leur journée. (**Valin**, *sur l'art.* 11.)

185.
Contestations.

Si les sauveteurs ou les sauvetés contestent ou refusent d'exécuter le réglement des salaires fait par l'administration, et approuvé par le ministre, c'est au conseil-d'État que leurs réclamations doivent être adressées dans le délai de trois mois [1]. (*Dépêche du* 8 *novembre* 1822, *Prises*).

186.
L'équipage employé au sauvetage est payé de ses journées.

De quelque manière que les gens de l'équipage du bâtiment soient employés, ils sont payés des journées par eux employées à sauver les débris et les effets naufragés. (*Code de commerce, art.* 261.)

187.
Les soldats employés comme travailleurs ont droit à un salaire.

Les soldats employés pour le maintien de l'ordre n'ont droit à aucun

par l'arrêté du 17 floréal an ix, tous les pouvoirs qu'avait le juge-de-paix sont passés au commissaire de l'inscription.

[1] Le décret du 9-13 août 1791, art. 7, attribuait au tribunal de commerce le jugement des contestations qui auraient pu s'élever contre le réglement des salaires établi alors par les juges-de-paix; mais aujourd'hui que ce réglement est fait par l'administration de la marine, les réclamations auxquelles il pourrait donner lieu, de la part des sauveteurs comme de celle des sauvetés, seraient de la compétence du conseil-d'État. Les tribunaux de commerce ne sauraient en connaître sans enfreindre l'art. 13 du tit. 2 de la loi du 16-24 août 1790 qui interdit à l'autorité judiciaire de s'immiscer dans les opérations administratives.

salaire, attendu qu'ils ne font qu'un service militaire ; mais, s'ils sont employés à sauver des effets naufragés ou à la garde de ces effets, ils sont payés comme les travailleurs ordinaires (VALIN, *sur l'art.* 31 *de l'ordonnance de* 1681.)

SECTION II.

Frais de route et vacations aux agents de la marine et de la douane.

188.
Frais de route et vacations alloués aux agents de la marine et de la douane.

Les agents de la marine et de la douane n'ont droit à aucune augmentation d'honoraires pour les soins qu'ils ont donnés au sauvetage d'un bâtiment naufragé, ou aux opérations qui en sont la suite : ces soins sont gratuits.

Cependant, comme ils peuvent être obligés de se rendre loin de leur résidence, il est juste dans ce cas de les dédommager de ce déplacement, ou au moins de leur faciliter les moyens de l'opérer ; aussi, lorsqu'ils sortent de la banlieue de leur résidence, limitée à un rayon de quatre kilomètres, il leur est alloué des frais de route et de vacations d'après les fixations suivantes :

	Frais de route par myriamètre.		Vacations par jour.	
Agents de la marine.				
Commissaires......................	6	»	10	»
Sous-commissaires..................	4	»	7	»
Commis principaux..................	3	»	5	50
Commis ordinaires				
Préposés de l'inscription.............	2	50	4	»
Syndics des gens de mer.............				
Agents de la douane.				
Inspecteurs dirigeant le service des brigades .	4	»	7	»
Sous-inspecteurs opérant à la place d'un inspecteur	3	»	5	50
Contrôleurs ou capitaines de brigade *idem* ..	2	50	4	»
Lieutenants d'ordre et principaux *idem*				

8

	Frais de route par myriamètre.	Vacations par jour.
Receveurs principaux	4 »	7 »
Receveurs subordonnés remplaçant un rece-veur principal.	2 50	4 »
Visiteurs et vérificateurs, *idem*		

(*Arrêté du 29 pluviose an 9.* — *Décret du 20 floréal an 13, art. 1er et 2.* — *Circulaires du 13 juin 1808 et du 4 décembre 1809, Invalides; du 30 septembre 1820, N° 1364, et du 10 mars 1826, Prises.* — *Dépêche du 3 mars 1821, Prises.*)

C'est le grade seul et non la fonction momentanée qui détermine l'importance de l'indemnité à allouer. (*Dépêche du 3 mars 1821, Prises.*)

189.
Trésoriers des invalides.

Dans le premier arrondissement maritime les trésoriers des invalides sont parfois autorisés à se rendre aux ventes de bris et naufrages (*Voir* l'article 130); ils ont dans ce cas droit à la conduite et aux vacations allouées aux officiers et employés du commissariat, auxquels ils sont assimilés. (*Circulaire du 23 mai 1825, Prises.*)

190.
Simples préposés des douanes et gendarmes maritimes.

Les simples préposés des douanes et les gendarmes maritimes, appelés au sauvetage hors de la banlieue de leur résidence, reçoivent une indemnité de 1 fr. 50 c. par jour. (*Décret du 20 floréal an 13.* — *Décision du 5 février 1810, notifiée par dépêche du 12 du même mois, Invalides.*) Cette indemnité leur tient lieu de vacations et de frais de route. (*Circulaire du 3 juillet 1829, Prises.*)

Les préposés des douanes, pour prétendre à l'indemnité, doivent passer une revue de présence devant le commissaire de l'inscription maritime. (*Circulaire du 17 février 1806, Invalides.*)

191.
La marine et la douane ne peuvent envoyer qu'un seul chef au naufrage.

Chacune des admininistrations de la marine et des douanes ne peut envoyer qu'un seul chef rétribué sur le lieu du naufrage ou échouement. (*Décret du 20 floréal an 13.* — *Circulaire du 13 juin 1808, Inva-*

lides.) Néanmoins l'employé supérieur, chef du service actif, et le receveur des douanes peuvent simultanément recevoir les vacations attribuées
à leur grade : l'un dirige les brigades et les surveille, l'autre n'a point
d'autorité sur les préposés des douanes ; il intervient pour les actes relatifs au sauvetage, pour le bénéficiement et la vente des marchandises ;
enfin il assiste au sauvetage dans l'intérêt de la perception. Il n'y a donc
pas lieu à les considérer comme deux chefs du même service. (*Dépêche du*
24 *février* 1835, *Lorient*, *Prises*, *N°* 424.)

La douane peut diriger sur le lieu du naufrage tel nombre de préposés
qu'elle juge à propos, parce qu'agissant dans l'intérêt de son service, elle
a incontestablement le droit de prendre toutes les mesures propres à prévenir ou à empêcher la fraude ; mais il faut distinguer entre les préposés
qui assistent au sauvetage comme simples surveillants, et ceux qui sont
chargés de la garde des effets sauvés : les premiers n'ont aucune indemnité
à réclamer pour un service qui ne sort pas des fonctions habituelles des
agents de la douane, et qui, tout entier dans les convenances du fisc, n'a
rien de commun avec le sauvetage lui-même.

192.
En quels cas les préposés de la douane ont droit à l'indemnité.

Quant aux seconds, leur situation est différente : comme ils agissent
dans l'intérêt du propriétaire, ils doivent être rétribués, lorsqu'ils opèrent
hors de la banlieue de leur résidence ; ils reçoivent l'indemnité de 1 fr.
50 c. par jour, conformément à l'art 190 ci-dessus. Mais le prix de leurs
journées étant une dépense à la charge des effets sauvés, c'est au commissaire de l'inscription qui représente les intéressés absents à limiter comme à augmenter le nombre de ces préposés, suivant qu'il le juge convenable, d'après l'importance et les difficultés du sauvetage. Il doit en même temps avoir soin de n'admettre que le nombre de préposés absolument
nécessaire, et d'employer de préférence ceux qui pouvant, sans sortir de
l'enceinte de leur résidence, se porter au naufrage, n'ont pas d'indemnité
à réclamer. Il faut toutefois qu'il s'entende dès le commencement des opérations avec le principal agent de la douane, pour régler et arrêter l'état
des préposés à employer. (*Circulaire du* 12 *février* 1810, *Invalides.* —
Dépêche du 3 *mars* 1821, *Prises.*)

Il y a une troisième catégorie de préposés, c'est celle des travailleurs au sauvetage : ces derniers, considérés comme ouvriers sauveteurs, ont droit à un salaire, lors même qu'ils opèrent dans la banlieue de leur résidence. (*Circulaire du* 13 *juin* 1808, *Invalides.*)

193.
Les états d'indemnité pour les préposés sont soumis au directeur.

Les états d'indemnité produits par les préposés des douanes et leurs chefs sont soumis par eux à leur directeur respectif, qui les fait parvenir au principal fonctionnaire de la marine. (*Circulaire du* 30 *septembre* 1820, *n°* 1364, *Invalides.*)

194.
Comment sont déterminées les vacations.

Le nombre des vacations est déterminé pour les agents des deux administrations par celui des journées employées jusqu'à l'entrée en magasin des objets sauvés, sauf les vacations qui pourraient être allouées pour les opérations ultérieures de bénéficiement et de vente, tant au receveur qu'à l'agent de la marine avec lequel il procède. (*Circulaire du* 30 *septembre* 1820, *n°* 1364, *Invalides.*)

Ces vacations ne sont payées que pour le temps de la résidence seulement, à compter du jour de l'arrivée inclusivement jusqu'à celui du départ exclusivement. (*Arrêté du* 29 *pluviose an* 9.)

195.
Il n'en peut être alloué de doubles.

Il ne peut être alloué de doubles vacations de jour et de nuit aux administrateurs non plus qu'aux gendarmes et aux préposés des douanes, quand ils donnent nuitamment des soins aux opérations de sauvetage, à moins que ces derniers ne soient dans la catégorie des travailleurs, parce qu'alors ils rentrent dans la classe des ouvriers, et qu'il leur est dû salaire pour un travail extraordinaire. (*Dépêche du* 10 *mai* 1821, *Prises.*)

196.
Calcul des frais de route.

Les frais de route, lorsque les agents de la marine et de la douane opèrent hors de la banlieue de leur résidence, sont calculés d'après la distance directe de ce point à celui de l'échouement ou de l'emmagasinement, suivant le cas de sauvetage ou de vente, sans qu'on ait égard aux courses intermédiaires, telles que celles occasionnées par le transport des objets sauvés dans les magasins, et sans déduction du rayon de la banlieue. (*Circulaires du* 30 *septembre* 1820, *n°* 1364, *et du* 26 *octobre* 1821, *Prises.*)

Lorsque les propriétaires ou fondés de pouvoir ont obtenu l'autorisa-tion de pourvoir par eux-mêmes au sauvetage, les frais de route et vaca-tion dus jusqu'à cet instant aux employés des deux administrations leur sont payés par lesdits propriétaires. (*Décret du 20 floréal an* XIII, *art.* 6.)

Lorsque, pour se rendre au naufrage d'un bâtiment dont le sauvetage est attribué au consul de la nation à laquelle il appartient, les agents de la marine et de la douane ont à parcourir une distance qui leur donne droit à des frais de conduite et de vacations, cette dépense est à la charge du bâtiment naufragé [1]. (*Circulaire du 6 avril* 1818, *Police de la na-vigation.*)

SECTION III.

Frais d'expertise.

Le mode de taxation et la quotité des salaires accordés aux experts ap-pelés pour constater l'innavigabilité des navires naufragés, varient suivant les lieux.

Le taux de la rétribution allouée à ceux qui sont chargés d'estimer les objets sauvés est fixé de la manière suivante :

Ils reçoivent par vacation de trois heures, quand ils opèrent dans les lieux où ils sont domiciliés, ou dans la distance de deux myriamètres................................... 6 f. » c.

Au-delà de deux myriamètres, pour frais de voyage et de nourriture, soit pour aller, soit pour revenir, par my-riamètre 4 50

Et pendant leur séjour, à la charge de faire quatre va-cations par jour............................ 24 »

La taxe est réduite dans le cas où le nombre de quatre vacations n'au-rait pas été employé.

Il leur est encore alloué deux vacations : l'une pour la prestation du

___

[1] Les frais de voyage, dans ce cas et dans celui de l'art. précédent, sont pris sur le produit du sauvetage, d'après les dispositions des art. 404 et 404 du code de commerce. (*Circulaire du 6 avril* 1818, *Police de la navigation.*)

serment, l'autre pour le dépôt de leur rapport, indépendamment de leurs frais de transport ; s'ils sont domiciliés à plus de deux myriamètres de distance du lieu où siége le tribunal, il leur est accordé par myriamètre, dans ce cas, 4 f. 80 c.

Au moyen de cette taxe, les experts ne peuvent rien réclamer, ni pour frais de voyage et de nourriture, ni pour s'être fait aider par des écrivains, ni sous quelque autre prétexte que ce soit ; ces frais, s'ils ont eu lieu, restent à leur charge. (*Décret du 16 février 1807, art. 159, 160, 161 et 162.*)

SECTION IV.

Frais de nourriture et de retour de l'équipage.

200.
Secours accordés aux marins naufragés.

Il est accordé aux marins naufragés les secours qui peuvent leur être nécessaires pour la nourriture [1] et les vêtements, de manière à les mettre convenablement en état de rejoindre leurs quartiers respectifs. Toutefois ces dépenses doivent être faites avec une sage économie, et toujours justifiées par des pièces en bonne forme. Dans la distribution de ces secours, les convenances aussi bien que l'intérêt de la discipline exigent qu'il soit établi une différence entre le capitaine et les hommes de l'équipage. (*Circulaire du 2 décembre 1834, Dépenses de France.*)

201.
Compte à rendre de ces dépenses au ministre.

Le commissaire de l'inscription est tenu de rendre compte de ces dépenses au ministre. Il doit lui faire connaître avec détail le nombre et le grade à bord des naufragés qui ont participé aux allocations de secours. (*Dépêche du 26 octobre 1836, Cherbourg, Colonies et consulats.*)

202.
Retour par mer.

Lorsque les marins naufragés peuvent être renvoyés par mer dans leurs quartiers, ils doivent être expédiés de préférence par cette voie.

Il ne leur est pas payé de conduite, s'ils peuvent gagner des salaires dans les navires où ils sont embarqués; mais, s'ils y sont reçus seulement

---

[1] Il est bien entendu que les marins naufragés ne doivent recevoir de frais de nourriture qu'autant qu'ils ne sont pas employés comme travailleurs.

comme passagers, les frais de leur subsistance et de leur passage sont payés après l'arrivée conformément au tarif suivant :

Pour les capitaines au long cours, lorsqu'ils proviennent d'un navire ayant fait soit la pêche de la baleine, soit la grande navigation dans les mers de l'Inde au-delà des caps Horn et de Bonne-Espérance, et aux Antilles.................................... 3 f.   par jour.

Pour les mêmes, provenant de la navigation d'Europe 2 f. 50 c.   *id.*

Pour les seconds capitaines, commandants, lieutenants et chirurgiens, provenant soit de la pêche de la baleine, soit de la grande navigation dans les mers de l'Inde, au-delà des caps Horn et de Bonne-Espérance, et aux Antilles .... 2 f.   *id.*

Pour les mêmes et les maîtres au petit cabotage, provenant de la navigation d'Europe............. 1 f. 50 c.   *id.*

Pour tous les autres marins de l'équipage....... 1 f.   *id.*

(*Arrêté du 5 germinal an* XII, *art.* 4. — *Ordonnance du* 12 *mai* 1836, *art.* 3.)

Si les marins naufragés font leur retour par terre, il leur est alloué une conduite, réglée à proportion du chemin qu'ils ont à faire. Cette conduite leur est payée d'après les fixations suivantes :

203.
Retour par terre.

Au capitaine, provenant d'un navire expédié au long cours........................... 3 f.   par myriam.

Au second capitaine, au lieutenant et au chirurgien, provenant de la même navigation..... 2 f.   *id.*

Au capitaine, provenant d'un navire armé pour le cabotage........................... 1 f. 50 c.   *id.*

Aux maîtres d'équipage et aux autres hommes de la maistrance...................... 0 80 c.   *id.*

Aux matelots, novices et autres. .... 0 60 c.   *id.*

Le paiement de cette allocation a lieu, moitié lors du départ, le troisième quart à moitié route, si la partie déclare en avoir besoin, et le complément ou le dernier quart à l'arrivée à destination. (*Ordonnance du* 12 *mai* 1836, *art.* 5. — *Dépêche du* 28 *mars* 1837, *Colonies et consulats, Lorient.*)

Les commissaires de l'inscription doivent tenir exactement la main à l'exécution des dispositions concernant le renvoi des marins par mer et faire mention sur les rôles d'équipage des bâtiments sur lesquels ils passent, des conditions de leur embarquement. (*Arrêté du* 5 *germinal an* XII, *art.* 6.)

Les frais de subsistance et de vêtements des marins naufragés, à partir du sinistre, sont, ainsi que les frais de leur retour, imputables sur des produits de deux espèces, savoir :

1° Le produit des débris du navire ;

2° Celui du fret ou nolis des marchandises qui ont pu être sauvées.

En cas d'insuffisance, c'est-à-dire, lorsque les dépenses surpassent ces deux éléments de recette, l'excédant quel qu'il soit, demeure à la charge du trésor royal ; il est bien entendu que la valeur des marchandises elles-mêmes ne peut être affectée au paiement de cet excédant [1].

L'administration doit étendre les recherches et les informations, afin que si des épaves provenant d'un même naufrage, au lieu d'aboutir toutes sur un point, sont recueillies sur un autre, la valeur en puisse être appliquée au remboursement des frais qui ont été faits. (*Arrêté du* 5 *germinal an* XII, *art.* 7. — *Circulaires du* 19 *novembre* 1819 *et du* 21 *septembre* 1821, *Colonies et consulats.*)

Si l'équipage seul est sauvé, les secours qui lui sont fournis restent en entier à la charge de l'Etat. (*Dépêche du* 6 *juin* 1828, *Colonies et consulats.*)

Les frais à la charge de l'Etat sont imputés au chapitre *Solde*, art. *Frais*

---

[1] Une circulaire du 2 décembre 1834, Invalides, prescrivait de régler les frais de conduite à la charge de l'État, d'après le grade au service et les fixations établies par l'arrêté du 29 pluviose an IX ; mais une dépêche du 28 mars 1837, Colonies et consulats, a dérogé à cette disposition : désormais la conduite des marins naufragés doit, dans tous les cas où il y a lieu à l'allouer, être réglée conformément à l'ordonnance du 12 mai 1836.

de passage, frais de voyage et rapatriement de marins. (Circulaire du 2 décembre 1834, Invalides.)

SECTION V.

Salaires des gens de l'équipage.

Dans le cas de naufrage avec perte entière du navire et des marchandises, les gens de l'équipage ne peuvent prétendre aucun salaire ; néanmoins ils ne seront pas tenus de restituer ce qui leur a été avancé. (*Code de commerce, art.* 258.)

Si le navire vient à se perdre dans un voyage intermédiaire, les gens de l'équipage ont droit à leurs salaires échus pendant un voyage précédent heureusement accompli. (*Arrêt de la cour royale de Rennes, du* 1er *avril* 1841, *et Jugement du tribunal de commerce de Nantes, du* 20 *janvier précédent.*)

Si quelque partie du navire est sauvée, les gens de l'équipage engagés au voyage ou au mois sont payés de leurs salaires échus sur les débris du navire qu'ils ont sauvés [1], et, si les débris ne suffisent pas, ou s'il n'y a que des marchandises sauvées, ils sont payés de leurs salaires subsidiairement sur le fret. (*Code de commerce, art.* 259 *et* 272.)

Ceux qui sont engagés au mois sont payés jusqu'au jour du naufrage et ceux engagés au voyage, à proportion de ce que le voyage est avancé. (Locré, *Esprit du code de commerce, sur l'art.* 259.)

Les gens de l'équipage engagés au fret sont payés de leurs salaires seulement sur le fret, à proportion de celui que reçoit le capitaine. (*Code de commerce, art.* 260.) Ils n'ont aucun droit sur les débris du navire. (*Dépêche du* 19 *février* 1820, *Invalides.*)

Le partage se fait conformément aux conventions ou conformément à l'u-

---

[1] Ces expressions : *sur les débris qu'ils ont sauvés*, ont fait penser à Delvincourt et à Boulay, que les matelots qui ont refusé de travailler au sauvetage sont privés de leur privilège. Valin est d'une opinion contraire.

9

sage des lieux, lorsqu'il n'y a pas de convention. (Locré, *sur l'art.* 260.)

210.
Gens engagés au profit.

Les gens de mer engagés au profit n'ont droit qu'aux bénéfices que l'expédition a pu produire, soit par ce qui a déjà été fait, soit par la revente des marchandises sauvées, si elle rapportait des bénéfices. (Pardessus, *n°* 693.)

211.
Matelots tués ou noyés dans le naufrage.

En cas de mort d'un matelot dans le naufrage, les salaires de ce matelot sont dus à sa succession jusqu'au jour du décès et payés conformément aux règles établies par les articles 208, 209 et 210 ci-dessus.

212.
Le fret est dû pour les marchandises sauvées.

Le fret est dû pour les marchandises sauvées, et il est payé jusqu'au lieu du naufrage.

En aucun cas le chargeur ne peut demander de diminution sur le prix du fret. (*Code de commerce, art.* 303 *et* 309.)

213.
Les salaires ne peuvent jamais être à la charge de l'État.

Dans aucun cas l'État ne peut être chargé du paiement des salaires des marins, échus au moment du sinistre. (*Dépêche du* ... 1835, *Colonies et consulats, Annales maritimes, page* 873.)

214.
Droit d'intervention de l'administration de la marine.

L'administration de la marine a le droit d'intervenir dans toutes les causes où il s'agit de salaires de matelots. (*Arrêt de la cour royale de Rennes, du 1er avril* 1841, *et Jugement du tribunal de commerce de Nantes, du* 20 *janvier précédent.*)

———

SECTION VI.

Divers frais.

215.
Indemnité allouée à celui qui le premier donne avis d'un naufrage.

Il est payé, par privilége sur les premiers deniers de la vente des effets sauvés, à celui qui, n'étant pas douanier, a donné le premier avis du naufrage ou de l'échouement au commissaire de l'inscription maritime, 3 fr. par cinq kilomètres, l'allée et le retour compris, à partir du lieu du naufrage ou de l'échouement jusqu'à celui de la résidence du commissaire.

Il en est fait mention dans le procès-verbal qui est dressé par le commissaire à son arrivée, ainsi que de l'heure à laquelle il a été averti. (*Déclaration du roi du 10 janvier 1770, art. 1ᵉʳ.*)

Les hommes blessés dans le naufrage sont traités et pansés aux dépens
du navire naufragé. (*Code de commerce, art.* **262.**)

216.
Traitement des hommes
blessés.

SECTION VII.

Liquidation des frais.

—

§ Iᵉʳ.

État de liquidation.

247.
Époque à laquelle on doit établir la liquidation.

Chaque sauvetage est l'objet d'une liquidation particulière en vertu de
laquelle se régularise le paiement des dépenses. (*Circulaire du 30 septembre 1820, nᵒ 1364, Prises.*)

Cette liquidation est établie après le transport en magasin des objets
sauvés et leur inventaire, lorsqu'il y a eu réclamation. (*Ordonnance de
1681, art. 11.*)

Dans le cas contraire, elle est différée jusqu'après la vente des objets
périssables (*Art.* 87) un mois après le naufrage. (VALIN, *sur l'art.* 11.)

Les dépenses que l'on pourrait être dans le cas de faire postérieure-
ment, telles que frais de magasinage, de bonification, etc., seraient l'objet d'un compte supplémentaire.

248.
Par qui elle est établie.

L'établissement de la liquidation appartient au commissaire de l'inscription maritime, chargé de tout ce qui concerne les naufrages. (*Arrêté
du 17 floréal an* IX.)

249.
Ses bases.

Les liquidations de sauvetage doivent présenter la totalité des recettes
et la totalité des dépenses auxquelles l'opération a donné lieu. (*Circulaire
du 13 mars 1841, Prises.*)

Elles sont établies sur les bases suivantes :

On porte d'abord en recette le montant des procès-verbaux de vente.

Si les objets ont été remis en nature aux propriétaires, on porte le montant de leur estimation [1].

Viennent ensuite les divers chapitres de dépense.

Il y a deux colonnes de dépenses : l'une pour le navire, l'autre pour la cargaison. Quant aux dépenses communes, elles sont portées dans les deux colonnes, au marc le franc des produits respectifs du navire et de la cargaison, lorsque d'ailleurs on n'a pu en faire l'application spéciale. (*Dépêche du 16 juin 1826, Prises.*)

220.
Le fret n'y figure pas.

Le fret ne doit pas figurer comme produit dans la liquidation. Il est l'objet d'un compte à régler entre le capitaine et les chargeurs pour en établir le montant et la part contributive aux frais de sauvetage des marchandises. L'administration ne doit même pas s'immiscer dans sa fixation ni dans les débats qui s'y rattachent ; d'abord parce qu'il est en dehors des opérations matérielles du sauvetage ; en second lieu, parce que la fixation de la distance parcourue jusqu'au lieu du naufrage et du montant du fret acquis n'est pas de sa compétence. (*Circulaire du 30 juin 1820. — Dépêches du 16 juin 1826 et du 20 février 1829, Prises.*)

221.
Estimation des objets.

L'estimation des objets sauvés est faite par des experts assermentés dont la désignation appartient au tribunal de commerce, ou au juge-de-paix là où il n'existe pas de tribunal de commerce.

Lors de cette estimation on doit avoir égard aux effets de la bonification future dans le petit nombre de cas où ce résultat est probable. (*Circulaire du 30 juin 1820, Prises.*)

222.
Les articles de dépenses sont motivés.

Les articles de dépenses doivent être parfaitement motivés, de manière

[1] Cette estimation a lieu lors du réglement des frais de sauvetage. (*Circulaire du 30 juin 1820, Prises.*)

Si l'on porte en liquidation la valeur approximative des objets remis aux propriétaires, c'est afin de pouvoir établir et juger la proportion dans laquelle se trouvent les dépenses relativement à la valeur des objets sauvés. (*Dépêche du 6 juillet 1821, Prises.*)

qu'ils présentent toujours les moyens de contrôler les sommes portées hors ligne et qu'ils précisent en outre, pour les dépenses qui concernent le personnel, le taux de l'indemnité et les décrets, réglements et décisions en vertu desquels elles sont allouées. (*Circulaire du 25 novembre 1820, Prises.*)

223.
Les frais de route et vacations sont portés séparément.

Les frais qui ont rapport aux vacations et aux indemnités de route doivent former un article distinct et séparé des autres frais. (*Dépêche du 10 août 1821.*)

224.
Comment sont justifiées les dépenses.

Les dépenses portées à la liquidation sont justifiées dans la forme suivante :

Les journées d'ouvriers sont constatées par les rôles nominatifs mentionnés à l'art. 60 ci-dessus ;

Les frais de transport et le loyer des magasins où ont été déposés les objets sauvés, sont constatés par des états nominatifs arrêtés par le commissaire de l'inscription maritime ; il en est de même des frais de conduite de l'équipage, des frais d'administration et de surveillance, des frais d'expertise, de vente, papier timbré, enregistrement et traduction ;

Les salaires de l'équipage et les droits établis au profit de la caisse des invalides sur les armements du commerce sont constatés par les rôles d'armement et de désarmement arrêtés au bureau de l'inscription ;

Les frais de nourriture et de logement de l'équipage, les fournitures faites et les frais de publications, par mémoires visés par le commissaire de l'inscription.

225.
Vérification des liquidations.

Les liquidations sont soumises à la vérification du sous-commissaire chargé du contrôle. (*Circulaire du 5 février 1835; Commissariat de la marine.*)

A cet effet elles sont adressées au port chef-lieu d'arrondissement ou de sous-arrondissement avec les pièces justificatives, telles que procès-verbaux de sauvetage et de ventes, inventaires, rôles de journées, mémoires de frais, etc.

Il est adressé une expédition de chaque liquidation au ministre de la marine, pour qu'il puisse juger du montant et de la régularité des allocations qui y sont portées. (*Circulaires du* 30 *septembre* 1820, n° 1364, *et du* 17 *juin* 1828, *Prises.*)

Les mémoires des frais doivent y être joints. (*Circulaire du* 13 *juin* 1808, *Invalides.*)

Ces liquidations ne dégagent la responsabilité du commissaire de l'inscription qu'après qu'elles ont été renvoyées avec l'homologation du ministre. (*Circulaire du* 25 *août* 1833, *Invalides.*)

Les liquidations des sauvetages opérés hors de la banlieue, et qui comportent des frais extraordinaires de vacations et de route, sont transmises au ministre au fur et à mesure qu'elles sont arrêtées. Quant à celles des sauvetages qui, opérés dans le rayon de la banlieue, ne donnent lieu qu'à des frais ordinaires, les expéditions n'en sont adressées qu'avec les états en demande d'ordonnance. (*Circulaire du* 25 *novembre* 1820, *Prises.*)

Avant de passer outre à l'exécution d'une liquidation, le commissaire de l'inscription doit avoir soin de la notifier aux parties intéressées, et de s'assurer de leur assentiment par écrit, attendu que, dans le cas d'opposition, il y aurait lieu de suspendre pendant le délai de trois mois accordé aux parties pour se pourvoir au conseil d'état. (*Dépêches du* 22 *octobre et du* 19 *novembre* 1833, *Prises.*)

En cas de réclamation de la part des propriétaires, la remise des objets sauvés ou de leur produit ne doit pas être suspendue par les dispositions d'ordre ci-dessus prescrites : car l'intérêt principal ne peut rester subordonné à l'intérêt accessoire. Cette remise, d'ailleurs, ne compromet rien, parce que, si elle se fait en nature, c'est sous les conditions du dépôt des frais avancés par la caisse des invalides ; et, si elle se fait en produit, ce ne peut être qu'un produit net. Ainsi, dans l'une et l'autre hypothèse, les frais dont le ministre n'aurait pas encore jugé la validité, et qu'il réduirait ultérieurement, seraient l'objet d'un remboursement supplétif à faire aux propriétaires. (*Circulaire du 25 novembre 1820, Prises.*)

· Les pièces de recettes et de dépenses sont communiquées sur place au réclamateur, et il lui est donné copie du compte de liquidation qui les,résume. (*Discussions relatives au compte de 1830, pag. 19, document officiel.*)

230.
Communication des pièces au réclamateur.

La rédaction et l'expédition des procès-verbaux de sauvetage, la conservation et la vente des objets sauvés, les comptes de liquidation, la taxe et la répartition des frais, en un mot tous les actes qui sont la conséquence d'un naufrage, doivent être faits sans rétribution. (*Circulaire du 8 octobre 1839, Prises.*)

231.
Les actes qui sont la suite d'un naufrage sont faits sans rétribution.

§ II.

État de répartition.

Outre l'état de liquidation qui présente la répartition des frais entre le navire et la cargaison, il est établi un état de répartition des mêmes frais entre les divers intéressés ; cet état est dressé par le commissaire de l'inscription. Il doit présenter avec détail ce qui a été sauvé pour chaque intéressé ; la valeur réelle ou estimée de cette portion, la part contributive des frais, enfin la somme nette qui doit être remise à chacun. Comme l'état de liquidation, il doit être vérifié au bureau chargé du contrôle au port chef-lieu d'arrondissement ou de sous-arrondissement. (*Circulaire du 30 juin 1820, Prises, et Dépêche du 20 février 1829, même timbre.*)

232.
Par qui et comment est établi l'état de répartition.

La répartition doit avoir lieu au marc le franc de la valeur des objets sauvés ; mais cependant lorsque des épaves sont sauvées isolément et après coup, leur dépense doit faire article à part. Par exemple, si dans le naufrage d'un bâtiment chargé de liquides, les trois quarts de la cargaison sont mis en lieu de sûreté à raison de 20 francs de frais par futaille, et que, sauvés sur d'autres points, comme la chose arrive souvent, le dernier quart occasionne 30 ou 40 francs de frais par futaille, il n'y a pas

233.
Mode de répartition.

lieu d'en faire un total, et chaque propriétaire doit alors subir le résultat de l'événement qui lui est particulier. (*Circulaire du 30 juin 1820, Prises.*)

234.
Les réclamateurs ne contribuent qu'aux frais faits avant l'admission de leur réclamation.

Lorsque, sur leur réclamation, des propriétaires, commissionnaires ou porteurs de connaissements, ont obtenu la remise d'une partie des marchandises aussitôt leur sortie du navire, ils ne sont tenus que de payer leur contingent des frais de mise à terre, vacations et honoraires des agents de la marine et de la douane.

Si la réclamation n'est faite ou si la remise des effets n'est ordonnée qu'après le transport des marchandises en magasin, les réclamateurs doivent contribuer aux frais et vacations dûs avant leur réclamation ou plutôt jusqu'à son admission. (*Déclaration du roi du 10 janvier 1770, art. 19 et 20.*)

235.
Versement de frais à la caisse des gens de mer.

Si, pour éviter la vente d'une partie de marchandises sauvées, le propriétaire ou son représentant verse dans la caisse des gens de mer le montant des frais qui leur incombent dans l'état de répartition, ce versement a lieu au chapitre *Bris et naufrages*, sur un état de remise établi par le commissaire de l'inscription.

236.
Réclamations contre la répartition des frais.

S'il y a réclamation contre la répartition des frais, les parties doivent être renvoyées, comme s'agissant de contestations de particuliers à particuliers, par-devant le tribunal de commerce qui statue sur l'objet du débat. D'après le prononcé et le remboursement des frais, l'administration donne mainlevée générale. (*Circulaire du 30 juin 1820, Prises.*)

§ III.

Paiement des frais.

237.
Mode de paiement des frais.

Le paiement des frais a lieu sur mandats du commissaire de l'inscription, imputables sur les sommes versées à cet effet par les propriétaires ou sur les produits de vente déposés à la caisse des gens de mer. (*Art. 36 du règlement du 17 juillet 1816. — Circulaire du 29 novembre 1823, Invalides.*) Il ne doit être fait qu'aux parties elles-mêmes ou à leurs fondés de pouvoir ; ni les commissaires de l'inscription ni les syndics ne peuvent s'en faire remettre le montant pour en opérer la distribution.

Les frais de timbre et d'enregistrement sont avancés par le trésorier des invalides. (*Art. 12 de l'arrêté du 17 floréal an* IX.)

En cas d'urgence la caisse des invalides fait aussi l'avance des autres frais ; mais à charge de rendre compte dans les vingt-quatre heures et d'assurer un prompt remboursement. (*Règlement du 30 septembre 1829, note ajoutée à l'art. 34.*) Ces avances sont classées au compte accessoire *Dépenses à régulariser* qu'on crédite lors de la régularisation des dépenses par le débit de la caisse des gens de mer, chap. *Bris et naufrages.*

238.
Frais dont la caisse des invalides fait l'avance.

Les travailleurs sont payés au bout d'un mois sur le produit de la vente des objets les plus périssables, si durant ce délai il n'y a pas eu réclamation. (*Décret du 9–13 août 1791, art. 6.*)

239.
Délai pour le paiement des travailleurs.

Le paiement des frais d'administration et de surveillance, dits frais de justice, ne peut être exigé avant un an et jour, à moins que durant ce délai les objets sauvés n'aient été vendus ou réclamés. (*Déclaration du 10 janvier 1770, art. 24.*)

240.
Pour le paiement des frais d'administration et de surveillance.

Les décomptes de solde ou les journées de travail au sauvetage dus aux marins naufragés qui ont fait leur retour dans leurs quartiers, avant la vente des objets sauvés, sont acquittés de la manière suivante :

241.
Paiement de la solde et des journées de travail dues à l'équipage.

1° Dès que la liquidation est arrêtée, on expédie un mandat de dépense collectif, imputable sur le chapitre *Bris et naufrages;* ce mandat est libellé au nom du trésorier des invalides, caissier des gens de mer, pour la recette être faite au chap. *Solde au commerce,* de la somme revenant aux marins absents soit à titre de solde acquise, soit à titre de journées de sauvetage ;

2° Après le virement fait au chap. *Solde au commerce,* l'envoi de la

10

part afférente à chacun s'effectue par voie de contre-remises. (*Circulaire du 30 avril 1838, Invalides.*)

242.
Paiement des frais de quarantaine.

Les administrations sanitaires pourvoient elles-mêmes au paiement des frais qu'occasionnent les mesures auxquelles doivent être assujetties, dans l'intérêt de la santé publique, les personnes et les choses provenant de naufrages, sauf recours en remboursement sur la valeur des effets sauvés. (*Circulaire du 21 mai 1830, Prises.*)

243.
Paiement des frais de magasinage.

Les frais de magasinage ne doivent être payés à ceux qui tiennent à loyer que sur la présentation d'un bail clair et précis, ou, à défaut de bail, que sur des pouvoirs spéciaux émanés du propriétaire. (*Circulaire du 14 avril 1821, Prises.*)

244.
Ordre de privilége des frais.

Le produit des débris du navire, réuni au fret des marchandises sauvées, s'applique dans l'ordre de privilége ci-après :

1° Aux journées employées au sauvetage, quels que soient ceux qui y ont travavaillé, ensemble à tous les frais qui s'y rapportent ;

2° Aux dépenses de nourriture, vêtements, entretien et retour de l'équipage naufragé ;

3° Enfin aux salaires des marins, échus au moment du sinistre.

Le surplus revient aux propriétaires, armateurs ou assureurs. (*Circulaires du 6 janvier 1836 et 23 octobre 1824, Colonies et consulats.*)

Ainsi donc, le montant réuni des débris du navire et du fret, s'il y a eu des marchandises sauvées, doit être appliqué par priorité au paiement des frais de sauvetage particuliers au navire et aux frais d'entretien et de retour de l'équipage. Si ces dépenses prélevées, il reste des fonds libres, c'est alors qu'il y a lieu de s'occuper des salaires et d'en arrêter le décompte proportionnel suivant l'importance des fonds ; mais sans passer outre au paiement des salaires, qui ne doit être effectué que dans le port d'armement du navire. (*Circulaires du 21 février 1832 et 23 octobre 1824, Colonies et consulats et Prises.*)

245.
Frais à la charge de l'État.

Le prix des journées des hommes et des embarcations employés à sauver l'équipage d'un bâtiment qui s'est totalement perdu, ainsi que l'indemnité des avaries, s'il en est éprouvé par les embarcations, doivent être au compte du département de la marine. (*Circulaire du 6 juin 1828, Colonies et consulats.*)

═══

SECTION VIII.

Dispositions particulières aux bâtiments de l'État.

246.
Par qui et comment est établie la liquidation.

Les commissaires de l'inscription sont chargés de la liquidation des frais de sauvetage des bâtiments de l'État naufragés. Ils doivent dresser un état de répartition au marc le franc des frais imputables sur la valeur estimée des objets conservés pour le service et sur le montant du prix des objets vendus par les agents du domaine, en ayant soin que l'état énonce la valeur de tous les objets sauvés, la nature ainsi que le montant de tous les frais, la portion à payer par la marine et *distinctement* celle à supporter par le domaine. (*Circulaire du 5 janvier 1829, Prises.*)

247.
Remboursement des frais à la charge du domaine.

La remise de cet état met l'administration du domaine en demeure d'ordonner le remboursement de la portion des frais à sa charge, et, ce remboursement ne pouvant s'effectuer que sur les mandats du sous-ordonnateur de la régie, en vertu des ordonnances de délégation du ministre, il ne peut avoir lieu à l'instant même de la remise de l'état ; mais il est pris des mesures telles que la délivrance du mandat n'ait à souffrir que le délai indispensable pour la régularisation de l'opération. (*Même circulaire.*)

248.
L'équipage a droit à la conduite.

Il est payé aux gens de l'équipage une conduite proportionnée à la distance qu'il y a du lieu du naufrage à celui où ils sont envoyés. (*Règlement du 1er novembre 1784, art. 93.*) Cette conduite est réglée conformément aux tarifs annexés à l'ordonnance du 15 août 1838 et pour les positions qui ne se trouvent pas comprises dans ces tarifs, d'après l'arrêté du 29 pluviose an IX. (*Ordonnance du 11 octobre 1836, art. 127. — Circulaire du 25 août 1831, Administration des équipages.*)

249.
Indemnité allouée aux officiers et surnuméraires.

Les officiers et surnuméraires, qui par suite du sinistre ont perdu tout ou partie de leurs effets, reçoivent par les soins du commissaire aux revues, une somme équivalente à deux mois de leurs appointements à la mer.

Le procès-verbal de l'événement doit être transmis immédiatement au ministre, et il n'est, dans tous les cas, donné cours au paiement de cette indemnité, qu'après son approbation. (*Ordonnance du* 11 *octobre* 1836, *art.* 264.)

TITRE IV.

ÉPAVES MARITIMES.

CHAPITRE Ier.

Dispositions générales.

250.
Définition.

On appelle *épave maritime* tout objet qui, provenant de jet, bris ou naufrage, a été trouvé sur les flots, retiré du fond de la mer, ou déposé par elle sur le rivage, hors d'un naufrage connu, et auquel on travaille.

Il est aussi des épaves maritimes qui n'ont pas le naufrage pour cause : ce sont les poissons à lard et certaines substances qui se forment dans la mer, telles que corail, ambre, etc. *Voir* au chap. IV du présent titre les dispositions qui régissent ces sortes d'épaves.

251.
Attributions des commissaires de l'inscription.

Les commissaires de l'inscription maritime sont chargés de faire recueillir les épaves trouvées en mer ou sur la grève. (*Art.* 24 *du réglement du* 17 *juillet* 1816), d'en surveiller la conservation ou d'en opérer la vente ; d'en rechercher les propriétaires pour leur remettre les objets en nature ou le montant de la vente; d'assurer enfin, dans le cas de non réclamation après les délais réglementaires, le versement des produits dans la caisse des invalides, pour y demeurer à titre de dépôt, sans prescription aucune.

Pour cela, il est indispensable, d'une part, que ces administrateurs aient une connaissance exacte de toutes les épaves trouvées soit en mer, soit sur les côtes ; de l'autre, qu'une surveillance minutieuse autant que sévère s'attache à chacun des objets recueillis depuis le moment où il a été découvert jusqu'à sa destination finale. (*Circulaire du* 12 *février* 1836, *Prises.*)

252.
Déclaration à faire au bureau de l'inscription.

Tous ceux qui ont retiré du fond de la mer ou recueilli sur les flots des objets provenant de bris, naufrages et échouements, sont tenus de les mettre en sûreté, et, vingt-quatre heures au plus tard après leur arrivée, d'en faire la déclaration au bureau de l'inscription maritime, à peine d'être punis comme recéleurs.

Pareille déclaration est exigée de ceux qui ont trouvé sur les rivages de la mer des objets jetés par les flots, et provenant également de bris, naufrages et échouements [1]. (*Ordonnance de* 1681, *art.* 19 *et* 20.)

253.
Au bureau de la douane.

Pour les objets trouvés sur la côte, la déclaration à la douane est exigée indépendamment de celle faite au bureau de l'inscription maritime. (*Circulaire de l'administration des douanes, du* 27 *juillet* 1812.)

254.
Obligations des préposés de la douane.

Les agents de la douane sont dans l'obligation d'informer le commissaire de l'inscription des épaves que la mer jette sur le rivage. (*Circulaire de l'administration des douanes, du* 19 *mai* 1815.)

255.
Reconnaissance des épaves.

Le commissaire de l'inscription maritime qui a reçu une déclaration de sauvetage doit procéder à la reconnaissance et description de l'épave, en présence d'un agent de la douane qui signe le procès-verbal. (*Décret du* 6-22 *août* 1791, *tit.* 7, *art.* 2. — *Réglement du* 17 *juillet* 1816, *art.* 26.)

256.
Dépôt.

L'objet sauvé est, suivant son importance, laissé dans le lieu où le sauveteur l'a déposé, ou renfermé dans un magasin sous la double clef de la marine et de la douane. (*Décret du* 6-22 *août* 1791, *tit.* 7, *art.* 1 *et* 2. — *Réglement du* 17 *juillet* 1816, *art.* 26.)

[1] Si l'équipage d'un bâtiment étranger mouillé sur une rade ou dans un port français, recueillait sur le rivage ou retirait du fond de la mer des objets provenant de bris, naufrages ou échouements, il serait tenu d'en faire la déclaration au bureau de l'inscription maritime, parce qu'aux termes de l'art. 3 du Code civil les étrangers pendant leur séjour en France sont soumis aux lois de police du royaume. Mais, si l'équipage d'un bâtiment étranger avait opéré un sauvetage en pleine mer, l'autorité maritime ne nous semblerait pas fondée à exiger que le capitaine en fît la déclaration, par la raison que les étrangers sont dispensés de l'obligation de faire à leur arrivée le rapport des circonstances de leur navigation.

Après un an et jour de dépôt sans réclamation de la part des propriétaires, les objets sauvés sont vendus.

Ceux dont la détérioration ou la perte serait à craindre peuvent l'être immédiatement après le sauvetage. (*Réglement du 17 juillet 1816, art. 26.*)

Les objets propres au service peuvent être acquis par l'administration de la marine, qui les prend sur estimation, en en payant immédiatement la valeur. (*Même Réglement, même article.*)

Les règles établies pour la conservation des marchandises provenant des navires échoués avec bris, pour leur vente et leur revendication, pour l'acquittement des droits de douane; enfin, pour la liquidation et le paiement des frais, sont applicables aux épaves maritimes.

Lorsqu'un sauvetage a été opéré en pleine mer par plusieurs navires ou embarcations à la fois, l'administration doit adresser au ministre de la marine un rapport très circonstancié sur l'affaire aussitôt que l'épave a été mise en sûreté, et attendre les instructions spéciales pour préparer le travail de répartition de l'indemnité de sauvetage. (*Circulaire du 17 juin 1828, Prises.*)

Le sauvetage des épaves doit, aussitôt qu'il s'effectue, être annoncé par les journaux, et spécialement par ceux du commerce, dans les arrondissements où il paraît des feuilles de cette espèce. Les avis doivent être dans une forme très sommaire, tant pour diminuer les frais d'insertion, que parce qu'une simple indication suffit aux renseignements dont les intéressés ont besoin. (*Circulaire du 15 janvier 1820, Invalides.*)

Lorsque des bouteilles fermées contenant des papiers sont recueillies à côte, elles doivent être remises au commissaire de l'inscription. Cet administrateur se concerte ensuite avec l'autorité sanitaire pour l'ouverture de ces bouteilles et l'extraction de leur contenu, de manière que les puri-

---

257.
Vente.

258.
Objets pris pour le service.

259.
Dispositions communes aux échouements avec bris et aux épaves.

260.
Cas où il doit être adressé un rapport au ministre.

261.
Annonce des sauvetages.

262.
Bouteilles fermées recueillies à la côte.

fications qui peuvent être jugées nécessaires soient régulièrement et convenablement effectuées.

Les papiers extraits de ces bouteilles offrant presque toujours des avis ou indications d'un intérêt général pour le commerce maritime et la navigation, l'envoi doit en être fait au ministre de la marine qui donne ensuite à ces documents la direction convenable. (*Circulaire du 2 octobre 1830, Personnel, inscription maritime.*)

263.
Objets appartenant à l'État.

Les bois de construction et autres objets appartenant à l'État sont remis sur-le-champ à l'administration de la marine. (*Réglement du 17 juillet 1816, art. 25.*) Toutefois, pour cette remise, le commissaire de l'inscription doit en référer au commissaire-général, et, comme représentant des sauveteurs, provoquer auprès de lui les formalités nécessaires pour la réception et l'estimation des objets par la commission des recettes. (*Dépêche du 10 février 1835, Prises, à Lorient, et circulaire du 24 du même mois et sous le même timbre, n° 457.*)

264.
Sauvetages opérés par ordre.

Lorsque le sauvetage des objets appartenant à l'État a été opéré par suite des ordres de l'autorité supérieure, tout ce qui se rapporte à cette opération concerne exclusivement le commissaire-général, c'est à lui seul qu'il appartient de faire surveiller la rentrée des objets au lieu désigné et d'ordonner le paiement des frais de sauvetage. (*Circulaire du 24 février 1835, Prises, n° 457.*)

265.
Revendication.

La réclamation des épaves se fait par requête comme celle de tous les autres effets naufragés. (VALIN, *sur l'art. 28 de l'ordonnance de 1681.*)

266.
Expertise pour reconnaître l'origine.

Pour les marchandises trouvées épaves, l'expertise, en cas de doute sur l'origine, a lieu de plein droit lorsqu'elles comportent par elles-mêmes des indices d'origine qui dispensent de s'enquérir du lieu où elles ont été chargées sur le navire inconnu qui a péri. (*Circulaire du 13 août 1825, Prises.*)

267.
Cas où elle est locale.

S'il s'agit de liquides dont les droits, en supposant qu'ils dussent être payés ne. s'éleveraient pas à plus de 300 fr., ou si, pour une quantité plus considérable, le dépérissement est imminent, la vérification de l'origine a lieu par deux experts désignés par le receveur des douanes [1]. (*Circulaire de l'administration des douanes, du 5 août 1825.*)

Les embarcations étrangères provenant de sauvetage ne sont pas passibles des droits de douanes lorsqu'elles ont été sauvées en *pleine mer*.

Celles qui ont été sauvées sur les côtes demeurent soumises au régime légal, c'est-à-dire qu'elles ne peuvent être vendues que pour la ré-exportation ou pour la navigation intérieure, en payant, dans ce dernier cas, le droit de 20 fr. par tonneau sauf réduction proportionnelle en cas d'avarie. (*Dépêche du 14 janvier 1834, Lorient, Prises. - Dépêche du ministre des finances du 23 juin 1836.*)

Toutefois les embarcations de deux tonneaux et au-dessous, que la mer jette sur nos côtes, sont assimilées aux agrès et apparaux et admises au droit de 10 p. 0/0 du prix de vente. Et même sur la demande de l'administration de la marine, le directeur de l'administration des douanes peut admettre, par dispositions spéciales, à ce même droit de 10 p. 0/0. les embarcations d'un tonnage supérieur.

Dans l'intérêt des propriétaires des objets naufragés, les administrateurs de la marine ne doivent pas négliger de former ces sortes de demandes toutes les fois que les circonstances peuvent en faire espérer le succès, de manière que les conditions de la vente des embarcations, en ce qui concerne la douane, puissent être indiquées avec certitude aux enchérisseurs. (*Circulaire du 2 avril 1839, Prises.*)

La valeur des embarcations en bon état n'ayant un cours réglé sur aucune place de commerce, pour faire jouir de la réfaction des droits un canot d'épaves vendu pour la navigation intérieure, il est indispensable de remplacer le prix courant par une appréciation à dire d'experts. (*Dépêche du 14 janvier 1834, Prises, Lorient.*)

268.
Embarcations.

269.
Appréciation des embarcations admises à la réfaction des droits.

[1] Voir l'art. 170.

270.
Marchandises prohibées admises à la consommation intérieure.

· Les objets avariés provenant d'épaves peuvent, comme ceux provenant de naufrages, être vendus à l'intérieur, à la charge de payer à la caisse des invalides sur le produit de la vente un droit de 15 p. 0/0 lorsque leur état d'avarie s'oppose à leur réexportation. (*Circulaire du 16 octobre 1829 , Prises.*)

271.
Le relèvement ou la vente d'objets de peu d'importance ne donne pas droit à des vacations.

Le relèvement et la vente de quelques effets, débris ou pièces de bois jetés à la côte, ne donnent lieu à aucune vacation. (*Décret du 20 floréal an 13 , art. 5.*)

Cette prohibition ne s'étend pas aux frais de route, qui sont dus autant que le relèvement ou la vente s'opère hors de la banlieue.

Le soin de ces sortes d'opérations doit être laissé, autant que possible, aux syndics des gens de mer, afin de rendre moins onéreuse la dépense des frais de route. (*Circulaire du 19 avril 1822, Prises.*)

272.
Indemnité allouée pour objets recueillis sur le rivage.

Les sauveteurs d'objets jetés par les flots sur le rivage n'ont droit qu'à un simple salaire, basé sur le prix de la journée. (*Ordonnance de 1681, art. 26, Valin, sur l'art. 27. — Commission d'enquête, 1832.*)

273.
Pour objets sauvés à vue de terre.

Si les objets ont été sauvés en mer et à vue de terre, il est accordé aux sauveteurs, pour leurs peines et soins, une gratification sur le produit de la vente. (*Règlement du 17 juillet 1816 , art. 26. — Ordonnance de 1681, art. 24.*)

274.
Pour les objets appartenant à l'État.

Pour les objets appartenant à l'État, sauvés à vue de terre, il y a à distinguer.

Si le sauvetage a été opéré sans ordre préalable et par circonstances fortuites, l'État rentre dans les dispositions du droit commun réglées par l'article précédent. (*Circulaire du 24 février 1835 , Prises, n° 457.*)

Mais, s'il a été opéré par suite des ordres de l'autorité supérieure, la gratification est payée conformément au tarif suivant :

Objets divers.

Pour ceux dont la valeur est au-dessous de 200 fr. le dixième, ci   1/10

De 200 fr. et au-dessus, jusques et compris 600 fr., le quinzième, ci 1/15

Au-dessus de 600 fr., jusques et compris 2,000 fr., le vingtième,

ci. 1/20

Au-dessus de 2,000 fr. le trentième, ci. 1/30

Lorsque le sauvetage comprend plusieurs objets , il n'y a lieu qu'à une seule gratification, établie sur le montant des valeurs cumulées ; comme aussi lorsque , par des circonstances particulières , les sauvetages ont éprouvé des difficultés extraordinaires, la gratification peut subir une augmentation proportionnelle. Cette augmentation est réglée sur la proposition du directeur du port , par le commissaire général, et elle est soumise à la décision du ministre. (*Tarif du* **22** *février* 1816.) [1].

Embarcations.

Pour celles sauvées du 22 septembre au 20 mars [2],

par mètre. . . . . 3 fr. 07 c.

—   —   — du 21 mars au 21 septembre [3],   } [4]

par mètre. 2   30

(*Tarif du* 10 *ventose an* XII.) [5]

Bois de construction.

Pour les bois sauvés par les chaloupes affectées à ce service :

Du **22** septembre au 20 mars [6], par stère. . . . . 1 fr. 46 c.   }

Du **21** mars au 21 septembre [7],   —   1   17   } [8]

[1] Ce tarif n'est pas convenablement gradué : le sauvetage d'un objet évalué 150 francs, par exemple, est plus payé que celui d'un objet estimé 200 francs.

[2] Du 1er vendémiaire au 30 ventose.

[3] Du 1er germinal au 30 fructidor.

[4] 1 fr. et 0 fr. 75 c. le pied courant.

[5] Le tarif du 22 février 1816, confirmé par l'art. 25 du réglement du 17 juillet 1816, porte qu'il n'est pas dérogé au tarif du 10 ventose an XII, concernant le sauvetage des bois de construction et des embarcations.

[6] Du 1er vendémiaire au 30 ventose.

[7] Du 1er germinal au 30 fructidor.

[8] 0,05 c. et 0,04 c. le pied cube.

Pour ceux qui ont été sauvés par les équipages des embarcations non affectées à ce service :

Dans le port,	par stère..................	1 fr. 46 c.	
Hors de la chaîne,	—	2 92	[1]
En rade,	—	5 82	

(*Même tarif.*)

275.
Pour objets sauvés en pleine mer.

Lorsque les objets ont été sauvés en pleine mer, avec risques et périls, le tiers en est délivré *incessamment* et sans frais aux sauveteurs.

Si le partage ne peut se faire en nature, les objets sauvés sont vendus [2], et les sauveteurs reçoivent, à titre d'indemnité, le tiers *brut* [3] du produit de la vente. (*Art.* 27 *de l'ordonnance de* 1681, *et* 26 *du réglement du* 17 *juillet* 1816, *combinés.*)

Cette disposition est applicable aux navires abandonnés [4] en pleine mer par leurs équipages [5]. (VALIN, *sur l'art.* 27.)

276.
Pour objets retirés du fond de la mer.

La même indemnité est accordée pour les objets retirés du fond de la mer [6] hors d'un naufrage connu, auquel on travaille actuellement. (*Ordonnance de* 1681, *art.* 27.)

[1] 0,05 c., 0,10 c. et 0,20 c. le pied cube.

[2] Il n'y a pas lieu à conserver les objets pendant un an et jour, puisque le tiers doit en être délivré *incessamment* aux sauveteurs.

[3] Les dispositions de cet article, en ce qui concerne le paiement de l'indemnité sans déduction de frais quelconques, ne cessent pas d'être applicables aux sauveteurs, lorsque la gratification se trouve fixée dans une proportion au-dessous du tiers; s'il en était autrement la décision du ministre manquerait de base au moment où il la prend, puisqu'il n'est pas fixé sur les frais.

[4] Si un navire naufragé en pleine mer n'a pas été abandonné par son équipage, ce n'est plus une épave. Ceux qui l'ont sauvé n'ont pas droit au tiers, mais ils peuvent réclamer le paiement de leurs frais de sauvetage.

[5] On ne doit pas considérer un navire comme abandonné tant que le capitaine ou quelques-uns des hommes de l'équipage, étant restés à bord, ont encore les moyens soit de faire quelques manœuvres ou quelques tentatives de salut, soit d'appeler des secours ou de faire des signaux de détresse; mais il y a abandon, lorsqu'on ne trouve à bord que des cadavres ou des hommes devenus tout-à-fait incapables de tenter le moindre effort ou de manifester une volonté, sur le point, en un mot, de rendre le dernier soupir. (*Jugement du tribunal de commerce du Havre, en date du* 21 *juillet* 1840, *confirmé par arrêt de la cour royale de Rouen, du* 2 *décembre suivant.*)

[6] Voir la note 2.

Le droit de sauvetage est des deux tiers de la valeur des objets sauvés en pleine mer, quand ces objets sont des propriétés ennemies. Le tiers restant, après déduction de tous frais, est versé à la caisse des invalides. (*Loi du 26 nivose an 6, art. 1 et 2.*)

277. Pour les objets de propriétés ennemies trouvés en pleine mer.

Le droit à l'indemnité du tiers pour sauvetages de navires naufragés, ou d'objets recueillis sur les flots hors d'un naufrage connu, ne dépend pas seulement des risques et périls courus par les sauveteurs [1] ; mais de ces deux circonstances réunies :

278. Conditions à réunir pour avoir droit à l'indemnité du tiers.

1° Que le navire ou l'objet sauvé ait été *trouvé*, et l'on ne peut regarder comme trouvé l'objet sur lequel une embarcation est expédiée de terre ;

2° Qu'il ait été trouvé en pleine mer [2]. (*Dépêches des 8 novembre 1822, et 24 décembre 1824, Prises.*)

Il ne suffit pas non plus, pour être habile à prétendre à cette indemnité, d'avoir aperçu le premier les objets naufragés, d'être monté à bord d'un navire abandonné, d'avoir pu même l'enlever de la place où on l'a trouvé, et fait quelque tentative pour le conduire en lieu de sûreté ; il faut encore qu'il y ait sauvetage accompli, que le navire ou les marchandises aient été amenés ou dans le port ou sur une plage et mis à l'abri de tous dangers. (*Jugement du tribunal de commerce du Havre, du 21 juillet 1840, confirmé par arrêt de la cour royale de Rouen, du 2 décembre suivant. — Arrêt de la même cour, du 14 juillet 1832, notifié par circulaire du 31 août suivant, Prises.*)

[1] Du plus au moins tout est risque et péril dans la profession des gens de mer, si donc on n'en fesait la base des rémunérations, il faudrait récompenser sans fin ni mesure. (*Dépêche du 8 novembre 1822, Prises.*)

[2] Bien qu'il n'y ait pas de limites où commence précisément la *pleine mer*, cependant ce serait aller contre toutes les idées admises que de prétendre qu'un objet qui n'est pas plus frappant à la vue que la mâture d'un bâtiment submergé, est en pleine mer lorsqu'on l'aperçoit de terre. Et il ne faut pas croire que la distance où l'objet est trouvé soit insignifiante, l'ordonnance l'entend si peu de cette sorte, que, lorsque le sauvetage a lieu *en mer* simplement (n° 273) et non pas *en pleine mer*, elle replace l'allocation dans la classe des salaires et gratifications arbitraires. (*Même dépêche.*)

279.
L'indemnité du tiers n'affranchit pas les sauveteurs des droits de douane.

L'indemnité du tiers n'affranchit les sauveteurs que des dépenses de garde, de loyer de magasin, de vente et de partage; mais nullement des droits de douane, lorsque les objets sauvés en sont passibles. (*Circulaire du 16 novembre 1821, Prises.*)

280.
Elle tient lieu des frais de sauvetage.

Cette remise du tiers tient lieu de toute indemnité pour frais de sauvetage, et conséquemment il n'y a pas à rembourser ces frais aux sauveteurs, indépendamment de la gratification. (*Circulaire du 16 novembre 1821, Prises, et Arrêt de la cour royale de Rouen, du 14 juillet 1832.*)

Il en est de même de l'indemnité arbitrale allouée pour un objet sauvé à vue de terre; attendu que, pour avoir droit à cette indemnité, le sauveteur est tenu de mettre l'épave en lieu de sûreté.

281.
Droit d'option entre l'indemnité du tiers et les frais de sauvetage.

Attendu que l'on peut renoncer à un droit introduit en sa faveur, les sauveteurs peuvent opter entre l'indemnité du tiers des objets sauvés que les réglements leur accordent sans frais, et le montant des dépenses utiles faites pour le sauvetage et justifiées. Le fret pour le transport de l'objet sauvé ne doit pas entrer dans ces dépenses de sauvetage, parce que la loi ne parle pas de bénéfices à faire, mais de frais ou dépenses nécessitées. (*Arrêt précité, du 14 juillet 1832.*)

282.
Tout sauveteur est apte à recevoir l'indemnité.

La qualité de sauveteur rend tout individu, sans exception, salarié par l'État ou non, habile à recevoir l'indemnité allouée par les réglements. (*Circulaire du 30 septembre 1820, Invalides.*)

283.
A qui appartient l'initiative pour la fixation des indemnités de sauvetage.

L'initiative, quant à la fixation des indemnités en matière de sauvetage, appartient à l'administration de la marine.

L'indemnité du tiers accordée aux sauveteurs d'objets trouvés en pleine mer ou retirés de son fond, est réglée par elle, sauf l'approbation ministérielle. (*Circulaire du 4 octobre 1833, Prises.*)

Les gratifications allouées pour objets sauvés à vue de terre, sont réglées par le ministre d'après la proposition du chef maritime de l'arrondissement ou du sous-arrondissement. (*Réglement du 17 juillet 1816, art. 26.*)

Ainsi, lorsqu'il s'agit de régler une indemnité de sauvetage, le commissaire de l'inscription adresse au commissaire-général, ou, dans les sous-arrondissements, au sous-commissaire chargé du contrôle, sa proposition accompagnée des pièces propres à éclairer cet administrateur sur les circonstances du sauvetage et la valeur des objets sauvés [1].

284. Forme des propositions d'indemnité.

Cette proposition est ensuite déférée, avec les observations du commissaire-général ou du sous-commissaire chargé du contrôle, au chef maritime de l'arrondissement ou du sous-arrondissement qui y joint son avis personnel et transmet le tout au ministre de la marine. (*Dépêche du 10 février 1835, Prises.*

Toutefois, le chef maritime de l'arrondissement ou du sous-arrondissement est autorisé à régler et faire payer de suite les gratifications pour sauvetages opérés à vue de terre et sans risques, lorsqu'elles n'excèdent pas le quart de la valeur du sauvetage, et pourvu qu'en aucun cas elles ne s'élèvent pas en totalité à plus de 150 fr. (*Circulaire du 25 mai 1821, Invalides.*)

285. Les gratifications de peu de valeur peuvent être réglées et payées de suite.

Lorsqu'il y a doute sur l'origine des objets sauvés, le paiement du tiers aux sauveteurs, qui doit être fait immédiatement, s'effectue sous la déduction du tiers du droit le plus élevé qui pourrait être imposé aux objets sauvés. Cette portion du droit se tient en réserve jusqu'à ce que la décision de la commission centrale soit connue. Si les objets sauvés sont déclarés d'origine étrangère, le fonds réservé sert à acquitter les droits. Si au contraire ils sont reconnus d'origine française, on tient compte supplétivement aux sauveteurs de la portion mise en réserve. (*Circulaire du 16 novembre 1821, Prises.*)

286. Paiement de l'indemnité lorsqu'il y a doute sur l'origine des objets sauvés.

Le partage de l'indemnité du tiers ou de toute autre indemnité entre plusieurs bâtiments ou bateaux qui ont concouru simultanément au même

287. Partage de l'indemnité entre plusieurs bâtiments.

[1] Lorsqu'il n'y a pas eu vente, et selon qu'il s'agit d'objets appartenant ou n'appartenant pas à l'État, l'estimation est faite par la commission ordinaire des recettes (*Dépêche du 10 février 1835*) ou par des experts assermentés et désignés par le tribunal de commerce. (*Circulaire du 30 juin 1820, Prises.*)

sauvetage est opéré en raison du nombre respectif des hommes composant leurs équipages [1]. (*Décision du 17 novembre 1826, notifiée par circulaire du 3 février 1827, Prises.*)

288.
Partage de la part revenant à chaque bâtiment.

Le partage de la part revenant à chaque bâtiment ou bateau est fait de la manière suivante :

Si le bâtiment ou bateau est armé au mois et au voyage,

Un tiers au propriétaire ;

Et les deux autres tiers aux gens de l'équipage entre lesquels ces deux tiers sont répartis dans la proportion des salaires.

S'il est armé à la part, la portion qui lui revient fait masse commune, et est répartie entre le propriétaire et les gens de l'équipage, selon la stipulation de leur contrat. (*Même décision.*)

Les passagers sont exclus du partage de l'indemnité : toutefois ils doivent être payés de leur travail, des peines qu'ils se sont données et des dangers qu'ils ont courus. (**VALIN**, *sur l'art. 27.*)

289.
Répartition de l'indemnité allouée à un bâtiment de l'État.

La répartition de l'indemnité allouée à l'équipage d'un bâtiment de l'État se fait d'après les bases tracées par les réglements pour les parts de prises. (*Dépêches des 23 septembre 1830, Correspondance générale, et 14 mai 1839, Prises.*)

290.
Cas où le sauveteur perd son droit à l'indemnité.

En cas de contravention, la récompense due au sauveteur doit être confisquée au profit des saisissants, sans préjudice des autres peines individuelles prononcées par les réglements. (*Circulaire du 9 février 1818, Prises.*)

291.
Exécution des décisions en faveur des sauveteurs.

Les décisions en faveur des sauveteurs ne sont exécutées qu'avec l'ad-

[1] D'après un arrêt de la cour royale de Douai, en date du 22 novembre 1839, si les navires ou bateaux qui ont concouru au sauvetage d'un bâtiment trouvé abandonné en pleine mer, ne sont pas arrivés en même temps, l'indemnité doit être répartie en proportion des dangers qu'ont courus et des travaux auxquels ont dû se livrer les hommes des divers équipages ; ceux qui les premiers ont abordé le navire abandonné et qui ont donné les premiers soins au sauvetage ont droit à une part plus forte que ceux qui ne sont arrivés que plus tard et dont les travaux ont été moins utiles au succès de l'entreprise.

hésion formelle des propriétaires, s'ils sont connus, ou à défaut de cette adhésion, qu'à l'expiration du délai d'appel. (*Circulaire du 17 juin 1828, Prises.*)

C'est au conseil d'État que doivent être adressées, dans le délai de trois mois, les réclamations des sauvetés ou des sauveteurs contre les décisions de l'administration, en ce qui concerne l'indemnité de sauvetage. Si les intéressés s'adressaient aux tribunaux, le préfet maritime devrait élever le conflit. (*Dépêche du 8 novembre 1822, Prises.*)

Ce délai de trois mois court, non pas de la date de la décision du ministre, mais de celle de la lettre adressée par le commissaire de l'inscription aux propriétaires et aux sauveteurs pour la leur notifier. Il importe donc d'en provoquer l'accusé de réception, afin que le paiement de l'indemnité de sauvetage ne soit pas indéfiniment retardé. (*Dépêche du 2 juin 1826, Invalides.*)

Pour juger les contestations relatives au partage de l'indemnité entre des sauveteurs, le ministre de la marine est compétent, si les vaisseaux de l'État ont fait le sauvetage ou y ont concouru; mais, quand le sauvetage a été fait uniquement par des bâtiments du commerce, ce sont les tribunaux qui doivent en connaître. (*Ordonnance du 30 janvier 1828, rendue sur le rapport du conseil d'État.*)

Les liquidations des épaves sauvées hors de la banlieue, et qui comportent des frais extraordinaires de vacations et de route doivent, comme celles des naufrages, être transmises au ministre au fur et à mesure qu'elles sont arrêtées (*Circulaire du 25 novembre 1820, Prises*), principalement lorsqu'il s'agit d'accorder aux sauveteurs soit la prime du tiers, soit une récompense fixée entre cette allocation et le simple prix du travail. (*Circulaire du 17 juin 1828, Prises.*)

Quant aux liquidations des simples épaves, même des sauvetages qui, opérés dans le rayon de la banlieue, ne donnent lieu qu'à des frais ordinaires, les expéditions en sont adressées avec les états en demande d'ordonnances. (*Circulaire du 25 novembre 1820, Prises.*)

292.
Appel de ces décisions.

293.
Contestations relatives au partage de l'indemnité.

294.
Envoi des liquidations au ministre.

12

CHAPITRE II.

Ancres, Câbles et Chaînes.

295.
Déclaration à faire pour les ancres abandonnées.

Les capitaines de navire et les pilotes qui ont été forcés, par la tempête ou tout autre accident, de couper leurs câbles et de laisser leurs ancres en rade, sont tenus d'y attacher, si faire se peut, des orins et bouées en bon état et capables de lever les ancres. Ils doivent en outre en faire leur déclaration à l'officier militaire des mouvements maritimes, au bureau du pilotage et au capitaine du port de commerce. (*Décret du 12 décembre 1806 , art.* 39.)

Il est bon qu'ils la fassent aussi au commissaire de l'inscription maritime du port où les ancres ont été laissées et à celui du port d'arrivée.

Cette déclaration doit faire connaître le lieu où les ancres ont été abandonnées; s'il y a été mis ou non des bouées avec orins, si les câbles ont été coupés ou s'ils ont été filés par le bout, leur qualité, leur grosseur et leur longueur, le poids et les marques des ancres.

296.
Obligation imposée aux pilotes.

Les pilotes lamaneurs doivent visiter journellement les rivières, rades et entrées des ports où ils sont établis et lever les ancres qui y auraient été laissées sans bouées. (*Même décret, art.* 37.)

297.
Déclaration à faire par les sauveteurs.

Tous ceux qui par circonstance fortuite ont retiré du fond de la mer des ancres, câbles ou chaines, sont tenus d'en faire la déclaration au bureau de l'inscription dans les vingt-quatre heures de leur rentrée, comme il a été dit à l'article 252. (*Ordonnance de* 1681, *art.* 19.) Si les sauveteurs sont pilotes lamaneurs, ils doivent en outre faire leur déclaration à l'officier des mouvements maritimes, au bureau du pilotage et au capitaine du port de commerce. (*Décret du 12 décembre* 1806, *art.* 37.)

298.
Vérification des déclarations.

Pour déjouer les tentatives frauduleuses, dont l'objet serait de chercher à faire passer comme retirés du fond de la mer après abandon des ancres, chaînes et câbles réellement fournis par le commerce interlope, les commissaires de l'inscription maritime, lors des déclarations de sauvetage qui leur sont faites dans les vingt-quatre heures de la rentrée au port, doivent avoir soin de vérifier par des interrogatoires sur faits et circonstances, et au besoin par voie d'enquête, si lesdites déclarations sont conformes à la vérité. (*Circulaire du* **19** *novembre* **1833**, *Prises.*)

299.
Délai pour la revendication.

Les propriétaires des ancres retirées du fond de la mer ont deux mois pour en faire la réclamation, à compter du jour où la déclaration du sauvetage a été faite. Ce délai expiré sans réclamation, les ancres appartiennent entièrement à ceux qui les ont sauvées [1]. (*Ordonnance de* **1681**, *art.* **28.**)

Ces dispositions sont applicables aux chaînes et câbles dans le même cas. (*Circulaire du* **22** *avril* **1831**, *Prises.*)

Avant d'abandonner aux sauveteurs les ancres, câbles et chaînes non réclamés dans le délai de deux mois, les commissaires de l'inscription maritime doivent s'assurer qu'ils ne proviennent pas des bâtiments de l'État.

300.
Les ancres abandonnées sont levées par les pilotes.

Les ancres et câbles que les capitaines et maîtres de navires ont été forcés de laisser en rade sont levés, au premier temps opportun, par les pilotes, et conduits à bord des bâtiments auxquels ils appartiennent, dans le cas où il n'y aurait pas déjà été pourvu par les équipages eux-mêmes desdits bâtiments ou par d'autres bâtiments. (*Décret du* **12** *décembre* **1806**, *art.* **39.**)

301.
Indemnité de sauvetage.

Il leur est payé pour droit de sauvetage :

Bâtiments français.

Le quart de la valeur des ancres et câbles, lorsqu'il sont trouvés sans bouées ;

Le sixième, s'ils sont trouvés avec des bouées.

Bâtiments étrangers [2].

La moitié, lorsque l'ancre est trouvée sans bouées ;

Le tiers, lorsqu'elle a une bouée ;

[1] Les ancres sauvées par des pilotes et non réclamées dans les délais fixés sont également abandonnées aux sauveteurs. (*Dépêche du* **12** *mai* **1826**, *Prises.*)

[2] Ceci n'est sans doute pas applicable aux nations assimilées aux Français par traités.

Le tout, à dire d'experts qui sont nommés, l'un par le chef des pilotes et l'autre par le capitaine ou maître du bâtiment. (*Même décret, même article.*)

302.
Relèvement des ancres des bâtiments de l'État.

Si l'ancre appartient à un bâtiment de l'État, elle est levée par les soins de l'administration de la marine ou du capitaine de port, et les frais de sauvetage sont payés en proportion des travaux qui ont eu lieu. (*Même décret et même article.*)

Dans ce cas, l'opération est en dehors des attributions du commissaire de l'inscription, tout ce qui s'y rapporte concerne exclusivement le commissaire-général de la marine. (*Circulaire du* 24 *février* 1835, n° 457, *Prises.*)

303.
Indemnité allouée aux sauveteurs d'ancres et câbles réclamés.

Les sauveteurs d'ancres ou câbles réclamés dans le délai de deux mois, reçoivent, à titre d'indemnité, le tiers de la valeur de ces objets soit qu'ils appartiennent à l'Etat [1], soit qu'ils proviennent des bâtiments du commerce ou étrangers, s'ils ont été trouvés par circonstance fortuite [2]. (*Ordonnance de* 1681, *art.* 27.)

Si les sauveteurs sont pilotes lamaneurs, c'est le tarif de l'article 301 qu'il faut prendre pour base de l'indemnité à leur payer. (*Dépêche du* 12 *mai* 1826, *Rochefort, Prises.*)

[1] Un réglement du 21 septembre 1716 déterminait les indemnités à allouer aux sauveteurs d'ancres et câbles provenant des bâtiments de l'État; mais ce réglement particulier au département de Rochefort s'appliquait à des ancres dont l'abandon au fond des rades ou près des côtes de ce ressort entravait beaucoup alors la navigation; ses dispositions ont cessé avec l'opération qu'il avait en vue. (*Circulaire du 24 février* 1835, *Prises.*)

[2] Les anciens réglements défendaient de lever les ancres trouvées avec bouées et orins dans les rades. Celui de l'amirauté de La Rochelle, en date du 25 mai 1751, art. 3, prononçait même contre les contrevenants une amende de 100 fr.; mais le décret du 12 décembre 1806 a dérogé à ces règles. L'art. 39 de ce décret est ainsi conçu : « Lesdites ancres seront levées au premier temps » opportun par les pilotes et conduites à bord des bâtiments auxquels elles appartiennent, dans » le cas où il n'y aurait pas déjà été pourvu par les équipages mêmes desdits bâtiments ou *par* » *d'autres bâtiments.* » Ces mots *par d'autres bâtiments* donnent évidemment à *tous* le droit de lever les ancres avec bouées.

Mais, comme il ne s'agit pas de choses *abandonnées, perdues,* il n'y a pas proprement dit *sauvetage,* mais simple relèvement. Ceux qui l'ont effectué n'ont pas droit au tiers, ils ne peuvent prétendre qu'à une gratification proportionnée aux difficultés qu'a pu présenter l'opération.

Le réclamateur d'une ancre sauvée doit justifier de sa propriété. Lorsque la déclaration de la perte de l'ancre est circonstanciée, et qu'elle a été faite avant le sauvetage, elle suffit pour établir la preuve si le câble a été filé par le bout ; mais si le câble a été coupé, il faut comparer le bout du câble resté à bord avec celui qui est resté attaché à l'ancre. (VALIN, *sur l'art.* 28.)

Dans le cas où cette preuve par comparaison des deux bouts du câble ne pourrait pas se faire, parce que le navire aurait été jeté par la tempête sur d'autres rivages, ou parce qu'il aurait été forcé de faire route, le réclamateur pourrait prouver sa propriété par d'autres moyens, dont l'appréciation appartiendrait au commissaire de l'inscription.

Les ancres et câbles dragués de toute sorte d'origine, française ou étrangère, sont assujettis à un droit fixe de 1 fr. par 100 kilogr. lorsqu'ils ont été retirés du fond des *ports et rades du royaume* par des *dragueurs français*. (*Ordonnance du 29 juin 1833.*)

Ceux qui ont été sauvés en mer ou pêchés sur les côtes d'un pays étranger restent soumis aux conditions du tarif général. (*Rapport annexé à la dépêche du 26 décembre 1835, Fonds et invalides.*)

Sont également soumis aux dispositions du tarif les ancres et câbles dragués, dont la propriété est revendiquée dans le délai de deux mois, quand la nationalité n'en est pas justifiée. (*Loi du 2 juillet 1836.*)

Le dragage des ancres, chaînes et câbles, pour lesquels on réclame l'application du droit exceptionnel de 1 fr. par 100 kilog., est constaté par les commissaires de l'inscription. Ces administrateurs doivent avoir soin de bien préciser dans les certificats qu'ils délivrent aux sauveteurs, pour être produits à la douane, les circonstances particulières du sauvetage, l'état plus ou moins avarié de l'ancre et de son câble, le port, la rade ou le point de la côte d'où les objets ont été retirés ; à quelle profondeur ; s'il y avait ou non des bouées ou signes quelconques de reconnaissance, et si des navires ou des embarcations étaient en vue au moment où le dragage a été effectué. Les commissaires de l'inscription doivent mentionner en outre dans leurs certificats la nationalité des sauveteurs, et finalement faire connaître si l'ancre, la chaîne ou le câble, ont donné lieu à quelque réclamation dans le délai de deux mois, à dater de la déclaration faite au bureau de l'inscription [1]. (*Circulaire du* 19 *novembre* 1833, *Prises.*)

307.
Le certificat de dragage est indépendant du certificat de mainlevée.

Ces certificats sont indépendants des actes de mainlevée délivrés dans le cas prévu par l'art. 299 ; ceux-ci, qui ont pour objet de mettre le sauveteur en possession de l'ancre ou de la chaîne sauvée, ne peuvent être refusés dès qu'il n'y a pas de réclamation faite par les propriétaires dans le délai de deux mois, tandis que le commissaire de l'inscription doit refuser au contraire de délivrer le certificat qui donne lieu à l'application du droit de 1 fr. toutes les fois que l'objet dragué ne se trouve pas dans les conditions déterminées. (*Rapport annexé à la dépêche-circulaire du* 26 *décembre* 1835, *Invalides.*)

CHAPITRE III.

Bouches à feu et projectiles.

308.
Les bouches à feu et projectiles provenant de la flotte ne peuvent être vendus.

Les bouches à feu et projectiles retirés du fond de la mer, par circonstance fortuite et reconnus provenir des bâtiments de la flotte, ne peuvent être exposés en vente publique : La marine les retient, qu'ils soient ou non nécessaires à son service. (*Circulaire du* 8 *février* 1820, *Artillerie.*)

309.
Indemnité de sauvetage allouée pour les bouches à feu.

Il est payé aux sauveteurs pour leur tenir lieu du tiers.

SAVOIR :

Pour les bouches à feu sans défaut apparent ;

Canons de 36, par 100 kilogrammes. . . . .   10 fr.

—   de 24 à 18,   *id.*   9

[1] Dans certains ports des embarcations françaises ou étrangères ont coulé des ancres et des chaînes-câbles achetées en Angleterre; puis des bateaux lamaneurs, associés à cette manœuvre, sont allés les draguer peu de jours après la submersion, à l'endroit désigné et où l'on avait eu soin de placer une petite bouée retenue par une pierre fixée à l'autre bout de la corde. Les commissaires de l'inscription maritime doivent s'appliquer à déjouer de semblables manœuvres en s'assurant par tous les moyens qui sont en leur pouvoir que les ancres ou câbles présentés sont réellement des objets sauvés et non jetés exprès à la mer dans le but de les faire admettre en fraude au droit de faveur. (*Rapport annexé à la dépêche du* 26 *décembre* 1835, *Invalides.*)

Canons de calibres inférieurs, par 100 kilogrammes..... }
Caronades indistinctement,   *id.* ...... } 8

Pour les bouches à feu hors de service, quel que soit le calibre, par 100 kilogrammes..................... 6 fr.

Sont considérées comme hors de service :

1° Les bouches à feu qui ont séjourné dans l'eau plus d'une année, parce qu'alors elles sont tellement couvertes de rouille, qu'elles peuvent rarement être employées dans les armements ;

2° Celles qui sont endommagées extérieurement, et dont le bouton, un tourillon ou le support-tourillon est cassé ou écorné. (*Circulaires des 8 février 1820 et 7 mars 1828, Artillerie et Bris et naufrages.*)

.Tous les projectiles, tels que les boulets, bombes et obus, de quelque calibre qu'ils soient, sont considérés comme de service lorsqu'ils n'ont pas de défaut apparent, et payés à raison de 5 fr. le quintal métrique.

Quand ils ont des cassures ou des enfoncements de matière au-delà des tolérances, ils sont considérés comme vieille fonte de qualité inférieure, et payés seulement à raison de 3 fr. le quintal métrique. (*Circulaire précitée du 8 février 1820, Artillerie.*)

340.
Pour les projectiles.

Pour les bouches à feu et projectiles qui ont une origine étrangère, ou qui proviennent d'armements particuliers, il est accordé aux sauveteurs, à titre d'indemnité, le tiers du produit de la vente ; les deux autres tiers, s'il n'y a pas de réclamation, appartiennent à la caisse des invalides. (*Ordonnance de 1681, art. 27. — Circulaire du 7 mars 1828, Artillerie et Bris et naufrages.*)

341.
Pour les bouches à feu et projectiles d'origine étrangère ou provenant d'armements particuliers.

L'indemnité de sauvetage pour les bouches à feu et projectiles retirés par ordre de l'autorité supérieure, est réglée conformément au tarif ci-dessus, *art.* 274. (*Circulaire du 24 février 1835, n° 457, Prises.*)

342.
Pour les sauvetages opérés par ordre.

Les bouches à feu et projectiles retirés du fond de la mer par voie d'entreprise ont des règles spéciales, établies au tit. 5 ci-après.(*Circulaire du 7 mars 1828, Artillerie et prises.*)

343.
Bouches à feu et projectiles retirés par voie d'entreprise.

CHAPITRE IV.

Épaves maritimes hors naufrage.

314.
Épaves hors naufrage.

Il y a, comme il est dit art. 250, des épaves maritimes qui n'ont pas pour cause le naufrage : ce sont les choses du crû de la mer, comme ambre, perles et corail (*Ordonnance de* 1681, *liv. 4, tit. 9, art.* 29) et les poissons à lard, tels que les baleines, les veaux marins, les marsouins, les thons, les souffleurs, et autres semblables, c'est-à-dire tous les poissons de grande espèce dont on peut tirer de la graisse ou de l'huile [1]. (*Même ordonnance, liv.* 5, *tit.* 7, *art.* 2.)

315.
Droit des sauveteurs lorsqu'elles ont été tirées du fond de la mer ou recueillies sur les flots.

Ces épaves demeurent entièrement à ceux qui les ont trouvées, lorsqu'elles n'ont appartenu à personne, et qu'elles ont été tirées du fond de la mer ou recueillies sur les flots. (*Même ordonnance, liv. 4, tit. 9, art.* 29.)

316.
Lorsqu'elles ont échoué sur les grèves.

Lorsque, rencontrées sur les flots, elles ont été poussées sur le rivage par ceux qui les ont trouvées, elles leur appartiennent également en totalité (*Même ordonnance, art.* 42); mais si elles ont échoué sur les grèves sans aucun fait de l'homme, les sauveteurs n'en ont que le tiers ; les deux autres tiers appartiennent à la caisse des invalides. (*Même ordonnance, art.* 29.)

Les poissons autres que les poissons à lard appartiennent de plein droit et sans partage à ceux qui les ont trouvés soit sur le rivage, soit sur les flots. (VALIN, *sur l'art.* 29.)

317.
Déclaration dans certains cas.

Ceux qui ont trouvé sur le rivage de la mer des poissons à lard ou des choses du crû de la mer, telles que celles qui sont désignées à l'art. 314 ci-dessus, sont tenus d'en faire la déclaration dans les vingt-quatre heu-

[1] L'art. 1er du tit. 7, liv. 5 de l'ordonnance de 1681 déclarait que les poissons royaux, qui sont les dauphins, les esturgeons, les saumons et les truites, appartenaient exclusivement au roi quand ils étaient trouvés échoués sur le bord de la mer ; mais cette disposition est tombée en désuétude.

res au bureau de l'inscription maritime. (*Ordonnance de* 1681, *art.* 20.)

Si les choses ou les poissons trouvés ont appartenu à quelqu'un, l'an- Cas où ces épaves sont suscep-
cien propriétaire peut les réclamer en faisant les justifications prescrites tibles d'être réclamées.
pour les autres objets trouvés sur les flots ou sur le rivage ; mais les propriétaires réclamateurs ne peuvent prétendre qu'aux deux tiers, l'autre
tiers étant acquis aux sauveteurs. (VALIN, *sur l'art.* 29.)

318.
Cas où ces épaves sont susceptibles d'être réclamées.

Les produits de vente des poissons à lard et autres semblables ne doivent pas être déposés à la caisse des gens de mer ; ils sont classés au chapitre *Recettes à régulariser,* pour passer ensuite après liquidation, et sous
déduction des frais et indemnités, au chapitre *Recettes diverses,* ainsi
que cela se pratique pour les droits qui reviennent à la caisse des invalides sur les sauvetages exécutés par entreprise. (*Dépêche du* 29 *novembre*
1836, *Prises.*)

319.
Classement des produits de
ventes.

La graisse extraite des baleines et autres cétacés échoués sur les côtes
est assimilée, pour les droits de douane, à celle qui provient de la pêche
française. (*Tarif des douanes.*)

320.
Droits de douane.

Les préposés des douanes, lorsqu'une baleine ou autre cétacé vient à
échouer sur leur penthière, doivent en empêcher le dépècement jusqu'à
ce que les droits du gouvernement et le paiement de la taxe soient assurés. (*Circulaire du directeur-général des douanes, du* 26 *janvier* 1829.)

321.
Mesures à prendre lorsque des
des cétacés viennent à
échouer.

Ils doivent de plus dans le cas d'échouement, sur la côte, de squelettes
ou ossements d'animaux marins d'une espèce inconnue ou extraordinaire,
en avertir sur-le-champ leurs chefs, afin que ceux-ci, d'accord avec le
commissaire de l'inscription maritime, puissent prendre les mesures convenables pour la conservation de ces objets. Le préfet ou sous-préfet doit
ensuite être averti, afin de mettre ainsi l'autorité supérieure à portée de
prendre s'il y a lieu, dans l'intérêt de la science, les mesures de conservation convenables. En attendant, les objets jetés à la côte restent sous la
surveillance des brigades. (*Même circulaire.*)

322.
Lorsque des squelettes d'animaux marins extraordinai-
res échouent sur le rivage.

13

CHAPITRE V.

Cadavres.

Lorsqu'un cadavre est jeté sur les grèves, celui qui l'a trouvé est tenu de le mettre hors de la portée du flot, et d'en avertir immédiatement l'autorité, qui se transporte sur les lieux.

Il est expressément défendu de le dépouiller ou de l'enfouir dans le sable, à peine de punition corporelle. (*Ordonnance de* 1681, *art.* 32.)

C'est au commissaire de l'inscription maritime de dresser procès-verbal des choses trouvées sur le cadavre [1]. (*Même ordonnance, art.* 33.)

Le juge-de-paix ou tout autre officier de police judiciaire constate l'état du cadavre et la cause de la mort.

Les vêtements trouvés sur le cadavre sont partagés entre celui qui l'a découvert et ceux qui l'ont transporté au cimetière [2]. (*Ordonnance de* 1681, *art.* 35, *Texte et notes de* VALIN.)

S'il se trouve sur le cadavre des espèces monnayées ayant cours en France, elles doivent être versées sur état de remise entre les mains du caissier des gens de mer à la conservation des droits des héritiers ou ayant-cause. (*Circulaire du* 7 *août* 1829, *Invalides.*)

Quant aux monnaies étrangères, les billets de banque, les bijoux, les traites ou autres effets de portefeuille, il en est dressé un inventaire descriptif en deux expéditions, dont l'une est remise au trésorier des invalides, avec les valeurs, et l'autre reste entre les mains du commissaire de

---

[1] La levée des cadavres jetés par la mer sur les grèves avait été donnée aux juges-de-paix par l'art. 11 du décret du 9-13 août 1791, mais l'arrêté du 17 floréal an IX l'a remise aux commissaires de l'inscription maritime en les chargeant de tout ce qui concerne les naufrages.

[2] Cette disposition et celle de l'art. 332 ci-après ne sont plus observées depuis long-temps ; néanmoins comme aucun acte postérieur ne les a abrogées, qu'au contraire elles ont été implicitement maintenues par l'art. 717 du code civil, nous avons cru devoir les présenter ici.

l'inscription ; dans les ports chefs-lieux d'arrondissement ou de sous-arrondissement , une troisième expédition est déposée au bureau chargé du contrôle. Ces valeurs sont renfermées dans la caisse de sûreté. (*Même circulaire.*)

Sur la demande du commissaire de l'inscription , le maire fait faire l'inhumation du corps.

328.
Inhumation du corps.

Le commissaire de l'inscription règle ensuite les frais de justice et d'inhumation, qui sont pris sur les effets et objets de prix trouvés sur le cadavre. (*Ordonnance de* 1681 , art. 36.)

329.
Réglement des frais.

En cas d'insuffisance , les frais de justice et de visite sont supportés par la caisse des invalides, si le cadavre n'est pas réclamé. (*Dépêche du* 14 *thermidor an* XIII.) Quant aux frais d'inhumation , ils sont acquittés par les communes sur lesquelles les cadavres ont été trouvés. (*Décret du* 18 *juin* 1811 , art. 3 , § 4.)

Les frais de justice comprennent ceux qui ont été faits pour la levée du corps, pour le transport et le procès-verbal de l'officier de police judiciaire, et pour la vente des objets trouvés sur le cadavre. (VALIN , *sur l'art.* 36.) Ceux d'inhumation comprennent les dépenses auxquelles donnent lieu les cérémonies religieuses.

L'administration de la marine recherche les familles des décédés , pour leur remettre les objets en nature : elle fait, comme pour les effets trouvés dans les naufrages , tous les actes conservatoires nécessaires [1]. (*Circulaire du* 7 *août* 1829 , *Invalides.*)

330.
Les familles des décédés doivent être recherchées.

Si pendant un an personne ne se présente pour réclamer les objets en nature , les billets de banque sont réalisés , les monnaies étrangères et les bijoux sont vendus aux enchères publiques. Le produit des réalisations est versé dans la caisse des gens de mer , et y reste déposé pendant deux ans, délai fixé pour les produits de succession , sans égard au dépôt en nature;

331.
Vente des objets de prix et dépôt des produits dans la caisse des gens de mer.

[1] Voir l'art. 94.

après quoi ces produits passent à la caisse des invalides, s'il n'y a pas eu de réclamation. (*Même circulaire.*)

332.
Droit de celui qui a trouvé le cadavre.

Au bout du délai d'un an et jour sans réclamation, le tiers des objets de prix et des valeurs trouvés sur le cadavre est délivré à celui qui l'a découvert, les frais de justice et d'inhumation préalablement déduits [2]. (*Ordonnance de* 1681, *art.* 36.)

333.
Restriction mise à ce droit.

Ce droit du tiers et le droit aux vêtements n'existe que pour les cadavres *trouvés épaves ;* c'est-à-dire pour les cadavres dont l'existence était ignorée de l'autorité, et dont la découverte est due au pur hasard. Il n'est pas applicable à ceux qui seraient jetés à la côte dans un naufrage et pendant le sauvetage, ni à ceux qui seraient l'objet des recherches de l'autorité ou des familles, parce que, dans ces différents cas, il n'y a pas précisément *chose trouvée.*

334.
Effets trouvés sur les marins noyés dans un naufrage.

Les effets trouvés sur les cadavres des marins noyés dans un naufrage sont déposés au magasin général si ces marins étaient au service de l'État, et au bureau de l'inscription s'ils étaient engagés au commerce. (*Réglement du* 17 *juillet* 1816, *art.* 21, *et circulaire du* 7 *août* 1829, *Invalides.*)

335.
Vente de ces effets.

Après un an de dépôt sans réclamation, ou plus tôt s'il est jugé nécessaire, les effets sont vendus d'après les ordres de l'administrateur supérieur de la marine, par les soins du commissaire de l'inscription, qui dresse un procès-verbal où les différents articles sont consignés séparément. Le produit de la vente est remis au caissier des gens de mer. (*Même réglement*, *art.* 23.)

L'administration ne doit user de la faculté de vendre les effets avant l'expiration du délai, que dans l'intérêt des parties seulement, lorsque, par des considérations quelconques il est avantageux pour elles que les effets soient promptement vendus. (*Circulaire du* 23 *août* 1817, *Invalides.*)

[2] Voir la note de l'art. 325.

Les receveurs des douanes doivent être présents à la vente de ces effets comme à celle des bris et naufrages , afin de maintenir les prohibitions , et assurer le paiement des droits dont les objets peuvent être susceptibles. (*Même circulaire.*)

Les procès-verbaux de ces ventes d'office n'acquittent le droit de timbre que lorsque le produit s'élève à plus de 10 fr. , et ils ne sont assujettis à celui d'enregistrement que lorsque le montant de la vente passe 25 fr. (*Circulaire du 19 germinal an* viii *, Invalides.*)

TITRE V.

NAUFRAGES ABSOLUS

ou

Bâtiments et marchandises submergés.

338.
Définition.

Le *naufrage absolu* est l'événement par lequel un navire, donnant avec violence contre un bas fond , des écueils ou le rivage, s'abîme entièrement dans la mer , sans qu'il en reste aucun vestige permanent sur la surface des eaux. Cette espèce de naufrage a sa législation particulière. Comme les navires et marchandises ainsi naufragés soit aux abords, soit dans les passes des rades et rivières, font écueil , il importe à la sûreté de la navigation qu'ils soient relevés.

339.
Rapport à faire par le commissaire de l'inscription.

Quand un bâtiment a été coulé soit sur les côtes, soit dans les rades et rivières du royaume, le commissaire de l'inscription maritime du lieu du sinistre adresse au commissaire-général du port chef-lieu ou au chef du sous-arrondissement un rapport détaillé de manière à ce que l'on puisse tenir au courant un registre ouvert pour y inscrire les objets provenant des naufrages de cette nature. Le rapport doit faire connaître le lieu et l'époque du naufrage , la nationalité du navire , la nature du chargement , le plus ou moins de probabilité de succès que pourrait présenter le sauvetage des objets coulés , etc.

Il est avisé aux suites selon les cas, par l'autorité supérieure. (*Instruction du 20 avril* 1841 , § 1.)

340.
Déclaration à laquelle sont tenus les intéressés au naufrage pour pouvoir procéder eux-mêmes au relèvement.

Les propriétaires ou intéressés au bâtiment et aux marchandises, qui veulent en faire le relèvement , sont tenus de le déclarer au bureau de l'inscription maritime dans le délai de deux mois , à partir du jour où ils ont reçu la nouvelle du naufrage , et de faire procéder à l'exécution des travaux nécessaires dans le cours de six mois , à compter du même jour.

(*Déclaration du* 15 *juin* 1735, *art.* 2. — *Circulaire du* 8 *juin* 1827,
Prises.)

341.
Déchéance des propriétaires.

Ces délais expirés, les propriétaires ou intéressés sont déchus de tous
leurs droits, et l'administration de la marine a la faculté d'autoriser des
tiers étrangers à tenter l'extraction des bâtiments et effets submergés.
(*Même déclaration, même circulaire.*)

342.
Constatation de cette
déchéance.

Lorsque des entrepreneurs ont demandé l'autorisation de tenter le sauvetage de l'un des navires submergés, l'administration de la marine doit
s'occuper de faire constater la faculté légale que le département de la marine pourrait avoir de passer le traité de concession, en l'absence de toute
déclaration de la part des propriétaires ou assureurs, faite dans le délai
déterminé plus haut.

Dans ce but, après avoir pris les ordres de l'autorité supérieure, le
commissaire de l'inscription maritime doit, par une lettre officielle, mettre les anciens propriétaires ou assureurs en demeure de s'expliquer, en
leur rappelant le vœu et la teneur de l'acte du 15 juin 1735 : il leur no-
tifie que, faute par eux de faire dans le délai de deux mois de la réception de sa lettre la déclaration prescrite, l'administration de la marine
aura le droit et remplira le devoir de faire procéder aux mesures exigées
par la sûreté de la navigation et par l'intérêt général du commerce. (*Instruction du* 20 *avril* 1841, § 2.)

343.
Renonciation des proprié-
taires.

Si les propriétaires ou assureurs adressent en réponse leur renonciation, ou s'ils gardent le silence jusqu'à l'expiration du délai, le commissaire de l'inscription maritime en rend compte au commissaire-général.
Ce fonctionnaire saisit le conseil d'administration du port de la connaissance des faits, et il provoque une délibération motivée dudit conseil, ten-
dant à établir que le département est fondé à passer un traité avec les entrepreneurs. (*Même instruction.*)

344.
Cas où ils veulent effectuer le
sauvetage eux-mêmes.

Si au contraire les intéressés expriment l'intention d'effectuer eux-mêmes le sauvetage, ils peuvent profiter du délai de six mois qui leur est
accordé; mais, s'ils laissent écouler ce délai sans avoir donné aux travaux

annoncés un commencement d'exécution , il peut être procédé comme il a été dit à l'art. 342. (*Même instruction.*)

Dans le cas où le navire indiqué par les entrepreneurs de sauvetages serait submergé depuis plus de trois ans, comme aussi dans le cas où les recherches faites pour trouver les anciens propriétaires auraient été infructueuses , il en serait rendu compte au conseil d'administration , qui pourrait alors prononcer la déchéance. (*Même instruction.*)

Lorsque la déchéance des propriétaires a été établie par le conseil d'administration , et que la notification en a été faite au commissaire de l'inscription maritime du quartier du naufrage, cet administrateur prépare un projet de traité spécial énonçant les diverses conditions auxquelles le sauvetage pourra être entrepris. (*Même instruction.*)

L'administration de la marine doit se réserver la faculté de placer , si elle le jugeait nécessaire , un de ses agents à bord des bâtiments employés aux travaux de sauvetage. (*Même instruction.*)

Elle doit également se réserver de mettre en préhension , mais à prix débattu , ceux des objets sauvés qu'elle reconnaîtrait propres au service de l'État. La part revenant à l'entrepreneur dans le produit des effets préhendés pour le service de l'État lui serait payée des fonds du département de la marine. (*Même instruction.*)

Dans le cas de contestations, l'adjudicataire doit s'engager à se soumettre à la décision de M. le ministre de la marine , qui peut même , selon la gravité du cas, résilier le traité. (*Même instruction.*)

Après avoir préparé le projet de traité, le commissaire de l'inscription maritime dresse un cahier des charges dans lequel, en se référant aux conditions spéciales du traité , il indique le mode d'adjudication et les conditions à remplir pour y prendre part. (*Même instruction.*)

Dès que les projets de traité de cahier des charges ont été établis , le commissaire de l'inscription maritime les soumet au commissaire–géné-ral qui, s'il les juge admissibles, les présente à l'approbation du conseil. (*Même instruction.*)

hier des charges sont sou-mis au commissaire-géné-ral.

Quand cette approbation a été donnée, le commissaire de l'inscription dresse deux nouvelles expéditions de son travail, auxquelles il joint un certain nombre d'exemplaires de l'affiche destinée à faire connaître l'objet de l'entreprise, les conditions principales du cahier des charges, le lieu et le jour de l'adjudication.

Ces deux expéditions sont transmises au commissaire–général, l'une pour être conservée dans ses bureaux, l'autre pour être adressée au mi-nistre. (*Même instruction.*)

352.
Expéditions à lui remettre après l'approbation du con-seil.

L'adjudication ensuite est faite au chef–lieu du quartier d'inscription ; elle a lieu publiquement sur soumissions cachetées qui sont ouvertes par le commissaire de l'inscription maritime.

La concurrence s'établit d'une part, sur la portion que l'on proposerait d'attribuer à l'établissement des invalides de la marine dans les produits de l'entreprise ; d'autre part, sur le délai dans lequel l'opération, sauf les circonstances de force majeure, devrait être conduite à sa fin.

Les offres doivent, en conséquence, être précises sur ces deux points. (*Même instruction.*)

353.
Mode d'adjudication.

Les concurrents doivent remettre directement, en séance publique, leurs soumissions cachetées au commissaire de l'inscription maritime.

Les soumissionnaires qui ne voudraient pas se déplacer ni envoyer leurs soumissions à des correspondants, peuvent les adresser au commissaire de l'inscription maritime, qui doit les déposer sur le bureau en ouvrant la séance.

Aucune soumission ne peut plus être admise ni retirée, à dater du moment où a commencé l'ouverture de celles qui ont été remises.

Les soumissions sont lues à haute voix ; celles qui contiendraient des clauses restrictives ou exceptionnelles seraient écartées et considérées comme non avenues. (*Même instruction.*)

354.
Remise des soumissions.

14

Si aucune des soumissions n'offre de porter la part des marins invalides à 20 pour 0/0 au moins des valeurs sauvées, l'adjudication ne peut être faite sans qu'il en soit référé au préfet maritime. (*Instruction du 20 avril 1841.*)

S'il se trouve lors de l'adjudication, deux ou un plus grand nombre de soumissions semblables au taux le plus élevé, il est procédé, séance tenante, et seulement entre les signataires desdites soumissions, à une adjudication à l'enchère et à l'extinction des feux. (*Même instruction.*)

Aussitôt après l'adjudication, le commissaire de l'inscription maritime rend compte sommairement au ministre et au commissaire-général des résultats de cette opération. (*Même instruction.*)

De nouvelles offres peuvent être reçues dans les dix jours qui suivent l'adjudication, pourvu qu'elles attribuent à la caisse des invalides une part supérieure de 5 pour 0/0 à celle qui résulterait de l'adjudication.

Toute proposition de cette nature donne lieu à une réadjudication faite à huis clos, et à laquelle prennent part seulement l'adjudicataire primitif et les nouveaux soumissionnaires.

Les enchères ne peuvent être moindres de 1 pour 0/0.

Aucune offre faite par écrit ne peut être retirée. (*Même instruction.*)

Lorsque le délai fixé pour ces propositions est expiré, le commissaire de l'inscription maritime fait connaître son avis motivé sur les résultats obtenus ; il conclut à l'adoption ou au rejet de la soumission, et, dans la première de ces hypothèses, il adresse au commissaire-général trois expéditions du traité sur papier timbré ; il doit avoir soin d'y joindre le récépissé constatant le versement de la somme fixée pour cautionnement. Le tout est présenté au conseil d'administration, qui, après examen, revêt, s'il y a lieu, le traité de son visa approbatif pour être soumis à la sanction ministérielle. (*Même instruction.*)

Après cette sanction, le commissaire de l'inscription maritime remet à l'adjudicataire une des expéditions du traité. (*Même instruction.*)

A partir de ce moment, le commissaire de l'inscription doit exercer une surveillance constante sur la marche du travail, et s'assurer par de fréquents rapports des syndics, et, au besoin, des agents des douanes, si les entrepreneurs se conforment exactement aux obligations qu'ils ont contractées. Il en informe le commissaire-général, et l'instruit également des incidents divers qui pourraient survenir. Sa correspondance doit faire connaître l'époque à laquelle ont commencé les travaux, les résultats obtenus mensuellement, les lieux où sont déposés les produits, les mesures qu'il lui paraîtrait à propos de prendre pour la conservation ou la vente des objets recueillis, etc., etc. (*Même instruction.*)

361.
Exécution du traité.

L'adjudicataire doit commencer ses opérations dans le délai de six mois. (*Même instruction.*)

362.
Délai pour le commencement des opérations.

Les opérations de sauvetage ne peuvent s'étendre au-delà des limites déterminées. (*Même instruction.*)

363.
Limites de ces opérations.

L'adjudicataire ne peut passer aucun sous-traité pour tout ou partie du travail de sauvetage concédé. Il doit procéder à ce travail par lui-même ou par des subordonnés agissant pour son compte. (*Même instruction.*)

364.
L'adjudicataire peut passer de sous-traité.

L'administration de la marine, de son côté, doit prendre l'engagement envers l'adjudicataire de n'accorder, jusqu'à l'expiration du terme fixé par le traité, aucune concession ou concurrence pour travailler au même sauvetage.

365.
Aucune concurrence n'est admise pendant la durée du traité.

Il doit être interdit à tout autre individu de se livrer à des opérations de sauvetage dans le rayon d'une encâblure autour du point sur lequel l'adjudicataire a établi ses travailleurs.

Cet entrepreneur peut signaler les limites précises de l'emplacement de ses opérations de sauvetage, en plaçant des bouées sur divers points du rayon indiqué.

Les pilotes, pêcheurs et autres, doivent être prévenus qu'il ne leur est pas permis de draguer ni opérer aucun sauvetage dans l'intérieur de ces limites. (*Même instruction.*)

Les objets retirés du fond de la mer et sauvés appartiennent en toute propriété à l'adjudicataire, à l'exception toutefois de la portion de leur valeur qui a été dévolue à la caisse des invalides de la marine par le traité. (*Même instruction.*)

Le montant de cette portion doit être classé au chapitre *Recettes diverses* du service *Invalides*. (*Circulaire du* 18 *octobre* 1833, *Prises.*)

La valeur des objets sauvés est déterminée par une expertise contradictoire ou une vente publique, selon ce qui est convenu. (*Instruction du* 20 *avril* 1841.)

Dans le cas de vente publique, l'administration de la marine peut s'appliquer, si elle le juge convenable, le résultat de l'adjudication. (*Même instruction.*)

Les sauvetages par voie d'entreprise subissent, quant aux droits de douane, la loi commune aux autres sauvetages, c'est-à-dire :

Immunité de droits pour les objets sauvés, reconnus d'origine française ;

Droits proportionnels en raison du degré d'avarie, pour ceux d'origine étrangère.

Voir, au surplus, les règles tracées au tit. 3, chap. 5. (*Dépêche du* 4 *janvier* 1828, *Invalides.* — *Circulaire du* 30 *janvier* 1832, *Prises.*)

Les droits de douane, lorsque les objets sauvés en sont passibles, sont à la charge de chacune des parties prenantes, pour la part des objets sauvés qui lui appartient. (*Instruction du* 20 *avril* 1841.)

Les frais d'achat, d'entretien et de réparation des appareils et machines mis en mouvement, ainsi que les journées des marins et manœuvres employés par l'adjudicataire, sont en totalité à son compte. (*Même instruction.*)

Les frais de timbre et d'expédition du traité sont aussi à la charge de l'adjudicataire, qui doit supporter également les frais d'enregistrement et tous autres auxquels la concession pourrait donner lieu. (*Même instruc-* *tion.*)

En garantie de ses engagements, l'adjudicataire est tenu de verser dans la caisse des invalides de la marine une somme de 500 à 2,000 fr., se- lon l'importance de l'entreprise ; et, en cas de contravention dûment con- statée aux stipulations du traité, il est statué par le ministre, le conseil d'administration du port entendu, sur la confiscation de tout ou partie du cautionnement.

372.
Cautionnement à verser à la caisse des invalides.

La moitié en est acquise de plein droit à l'établissement des invalides de la marine, lorsque les travaux ne sont pas commencés à l'époque fixée. (*Même instruction.*)

Au fur et à mesure des relèvements, les effets sauvés, qui par leur na- ture sont susceptibles d'être mis en lieu de sûreté, sont déposés sur in- ventaire dans des magasins, sous la surveillance commune de la douane, de l'administration de la marine et de l'adjudicataire. (*Même instruction.*)

373.
Dépôt en magasin des objets sauvés.

Il est remis chaque fois qu'il y a lieu, au commissaire de l'inscription maritime ou au syndic des gens de mer, une note exacte et détaillée des objets sauvés, énonçant le lieu du dépôt, et une semblable à l'administra- tion de la douane, envers laquelle d'ailleurs l'adjudicataire doit remplir les formalités d'usage en pareil cas. (*Même instruction.*)

374.
Remise à faire d'une double note de ces objets.

Les formalités pour la vente et la liquidation des objets sauvés doivent être les mêmes que pour les autres naufrages, à cela près que, s'agissant ici d'effets non réclamables, il n'y a pas lieu à observer de délai pour ef- fectuer la vente. (*Même instruction.*)

375.
Formalités communes avec les naufrages ordinaires.

Si les travaux amènent le sauvetage de quelques objets évidemment étrangers au traité, ces objets sont considérés comme rentrant sous l'ap- plication de l'ordonnance de 1681, et l'adjudicataire a droit au tiers de leur valeur. (*Même instruction.*)

376.
Sauvetage d'objets étrangers au traité.

Si les adjudicataires lui paraissent dévier du traité, le commissaire de

377.
Cas où l'entrepreneur n'exé-

cuteraitpasponctuellement les clauses de son traité.

l'inscription maritime doit les mettre sur–le–champ en demeure de s'ex-pliquer, et rendre compte du résultat de sa démarche , en exprimant son opinion sur le mérite des justifications produites ou des excuses alléguées.

Il en est délibéré par le conseil d'administration , au rapport du commissaire–général. Si l'avis du conseil est que l'on peut se borner envers les entrepreneurs à un simple avertissement , le commissaire de l'inscription maritime y pourvoit. Si le conseil estime qu'il y a lieu de prononcer la résiliation du traité et la saisie du cautionnement , il doit en être référé au ministre. (*Même instruction.*)

378.
Rapport à faire lorsque le traité est parvenu à son terme.

Dans le cas d'accomplissement régulier , lorsque le traité est parvenu à son terme , le commissaire de l'inscription maritime rédige un rapport final, dans lequel il résume les résultats obtenus , établit quelle est la situation constatée ou apparente des choses , et fait connaître si l'exploitation de tels ou tels débris doit être abandonnée, ou si au contraire elle semble devoir donner lieu soit à la passation d'un nouveau traité , soit à la prorogation du même traité. (*Même instruction.*)

379.
Remise du cautionnement.

Le cautionnement est remis aux entrepreneurs par les soins du commissaire–général , aussitôt après qu'il a été reconnu que le traité dont il était destiné à former la garantie a été régulièrement accompli. (*Même instruction.*)

380.
Cas où quelques-unes des dispositions qui précèdent ne pourraient être exécutées.

S'il arrivait que quelques–unes des dispositions ci–dessus ne pussent recevoir , dans certaines localités , une exécution complète , absolue , le ministre statuerait , au rapport de l'autorité compétente , sur les modifications exceptionnelles que des circonstances spéciales pourraient réclamer. (*Circulaire du 20 avril 1841 , Prises.*)

TITRE VI.

NAUFRAGES EN PAYS ÉTRANGERS.

CHAPITRE Iᵉʳ.

Sauvetage du bâtiment et des marchandises.

384.
Les consuls sont chargés de tout ce qui concerne les naufrages en pays étrangers.

En pays étranger, les consuls remplissent, en matière de bris et naufrages, les fonctions attribuées en France aux administrateurs de la marine. (*Circulaire du 12 mars 1830, Prises et Colonies et consulats.*)

382.
Devoirs du capitaine naufragé

En conséquence, lorsqu'un capitaine arrive dans un port étranger, après avoir éprouvé un naufrage ou un échouement avec bris, il doit en faire un rapport circonstancié au consul français.

En cas de naufrage, le capitaine indique, avec détails, le lieu du sinistre : il donne, s'il y a lieu, le nom des marins ou passagers qui ont péri ; il fournit des explications sur l'état du navire, des barques ou embarcations qui en dépendaient, sur les effets, papiers et sommes qu'il a sauvés.

S'il y a eu échouement avec bris, le capitaine fait la même déclaration, et en outre il est tenu d'indiquer tout ce qui pourrait faciliter le sauvetage du navire et de la cargaison. Il doit énoncer toutes les circonstances, telles que les cas de fortune de mer, de voie d'eau, d'incendie, de poursuite par l'ennemi ou par un pirate, qui l'auraient forcé ou déterminé à jeter le navire à la côte. (*Art. 55 de l'ordonnance du 29 octobre 1833.*)

383.
Premier soin des consuls.

Lorsqu'un consul a été informé de la manière indiquée à l'art. précédent, ou par quelque autre voie que ce soit, du naufrage ou de l'échouement d'un navire français dans son arrondissement, il doit se hâter de prendre ou de provoquer les mesures convenables pour qu'il soit porté secours aux naufragés et procédé au sauvetage.

Si les premiers avis parviennent à un vice-consul ou agent consulaire, il est tenu, en prenant des mesures provisoires, de rendre compte de l'événement au consul sous la direction duquel il est placé, et de se conformer ultérieurement aux ordres et instructions qui lui seraient adressés. (*Même ordonnance*, *art.* 56 *et* 57.)

384.
Ils doivent se conformer aux conventions et usages.

Les consuls doivent se conformer, pour l'exécution de l'article précédent, aux conventions faites ou usages pratiqués entre la France et les pays où ils résident, relativement aux soins à donner et aux mesures à prendre pour les secours et les sauvetages. Ils se guident, en outre, d'après les réglements et les instructions du ministre de la marine sur cette matière. (*Même ordonnance*, *art.* 58.)

385.
Se font remettre les objets sauvés.

Dans les pays où les consuls ou leurs agents sont autorisés à donner exclusivement des ordres en matière de bris et naufrages, ils font auprès de l'autorité locale qui les aurait devancés les réquisitions nécessaires pour être admis à opérer directement et en toute liberté, et pour que toute personne non agréée par eux soit immédiatement obligée de se retirer. Ils se font remettre les objets déjà sauvés. Ils s'entendent avec l'autorité locale pour connaître les premières circonstances de l'événement, et rembourser les frais qu'elle aurait déjà faits. (*Même ordonnance*, *art.* 59.)

386.
Secours à donner aux blessés et aux noyés.

Ils font administrer tous les secours nécessaires aux personnes blessées ou noyées. Dans le cas où on ne pourrait les rappeler à la vie, ils doivent faire ou inviter l'autorité locale à faire tous procès-verbaux et enquêtes pour connaître l'identité des personnes, et donner leurs soins pour que l'inhumation ait lieu après l'acte de décès rédigé. (*Même ordonnance*, *art.* 60.)

387.
Ils recueillent les papiers de bord et reçoivent tous rapports.

S'ils trouvent quelques papiers, tels que chartes-parties, connaissements, patentes de santé ou autres renseignements écrits, ils les recueillent pour être déposés en leurs chancelleries, après avoir été cotés et paraphés. Du reste, ils reçoivent tous rapports ou déclarations, font subir d'office tous interrogatoires nécessaires, aux capitaines, gens de l'équipage

ou passagers, qui auraient échappé au naufrage. (*Même ordonnance,*
art. 61.)

Ils dressent procès-verbal de l'état du navire et du résultat des informations qu'ils ont prises sur les causes du naufrage et de l'échouement, sur
la nature du chargement, les propriétaires du navire et de la cargaison.
(*Instruction du* 1er *octobre* 1814.)

388.
Procès verbal à dresser.

Dans les recherches des causes du naufrage et de l'échouement, les
consuls doivent s'occuper spécialement du soin de connaître si l'accident
peut ou non être attribué à quelque crime, délit ou autre baraterie de
patron, ou à quelque connivence, dans la vue de tromper des assureurs,
et transmettre tous les renseignements nécessaires au ministre de la marine. (*Ordonnance du* 29 *octobre* 1833, *art.* 62.)

389.
Recherches sur les causes du
naufrage.

Ils nomment, en se conformant aux conventions et usages, tous sé-
questres, gardiens ou dépositaires des objets sauvés, et font les marchés
nécessaires avec les hommes du pays soit pour obtenir leur assistance, soit
pour se procurer des magasins où les objets sauvés puissent être mis en
dépôt. (*Même ordonnance, art.* 63.)

390.
Mesures à prendre pour le
sauvetage.

Ils font ensuite transporter dans ces magasins et inventorier les marchandises et effets sauvés. Autant que possible les procès-verbaux et inventaires sont signés par le capitaine ou un des principaux officiers du bord,
et dressés en leur présence. (*Instruction du* 1er *octobre* 1814.)

391.
Transport et inventaire des
objets sauvés.

Aussitôt que le consul a connu les noms du navire, du capitaine, et les
autres renseignements qu'il lui paraît utile de communiquer au public, il
prend les mesures convenables pour avertir les intéressés. Il en donne avis
par la voie la plus prompte au ministre de la marine et à l'administration
du port de départ et du port de destination. (*Ordonnance du* 29 *octobre*
1833, *art.* 64.)

L'avis à donner au ministre doit lui être adressé sans retard sous le timbre *Bris et naufrages*, et faire connaître le nom du bâtiment naufragé,
celui du port d'expédition, avec un aperçu sommaire de son chargement,

392.
Avis du naufrage à donner aux
intéressés, à l'administration et au ministre de la
marine.

15

sauf à rendre compte ultérieurement des opérations de sauvetage. Cet avis doit, autant que possible, être accompagné du rapport fait par le capitaine.

Les communications à faire directement aux ports et aux intéressés doivent se borner à des avis et renseignements, sans qu'aucun envoi de pièces, de comptes ou de valeurs s'effectue autrement que par l'entremise du ministère de la marine. (*Circulaires du 21 février 1832, Colonies et consulats, et du 8 octobre 1839, Prises.*)

393.
Sauvetages laissés aux parties intéressées.

Si, lors de l'échouement ou après, les propriétaires ou assureurs du navire et des marchandises, ou leurs correspondants, munis de pouvoirs suffisants, c'est-à-dire représentant tous les intérêts, se présentent pour opérer le sauvetage par eux-mêmes, le consul peut, après avoir vérifié leurs titres, leur abandonner le sauvetage à quelque point qu'il soit parvenu. Il en est de même lorsque le capitaine, le subrécargue [1] ou quelque passager, justifie de pouvoirs spéciaux pour procéder au sauvetage en cas de sinistre.

Dans ces deux cas le consul doit exiger le remboursement des frais déjà faits, et, s'il y a lieu, une garantie suffisante pour les frais qui resteraient à faire.

Parmi les frais restant à acquitter se trouvent ordinairement compris ceux que nécessitent l'entretien et le rapatriement de l'équipage jusqu'au port d'armement du navire naufragé. Le consul doit donc faire comprendre expressément les dépenses de cette nature dans le cautionnement à souscrire par les intéressés ou leurs représentants, et transmettre cet engagement au ministère de la marine, sous le timbre *Fonds et invalides, bureau des dépenses d'outre-mer.* (*Ordonnance du 29 octobre 1833, art. 65. — Instruction du 1er octobre 1814. — Circulaire du 8 octobre 1839, Prises.*)

Du reste, bien que le consul ait laissé à qui de droit la direction du sauvetage, il n'en doit pas moins suivre de l'œil tout ce qui s'y rapporte.

[1] L'arrêté du 17 floréal an ix, qui régit les naufrages sur les côtes du royaume est plus large; il admet les subrécargues à diriger les sauvetages sans autres justifications que celle de leur qualité.

(*Circulaires du* 21 *septembre* 1821, *Colonies et consulats, et du* 8 *octobre* 1839, *Prises.*)

Si le consul refuse de laisser le soin du sauvetage aux intéressés dans le naufrage, sa décision doit être motivée, et il est donné acte des dires et réquisitions des parties. (*Ordonnance du* 29 *octobre* 1833, *art.* 65.)

Le consul doit se concerter avec l'autorité locale, pour qu'elle lui prête son appui dans toutes les circonstances qui peuvent exiger l'emploi de la force publique. En cas de vol ou de tentative de vol, il doit signaler les coupables à la justice du lieu. (*Ordonnance du* 29 *octobre* 1833, *art.* 66.)

> **394.**
> Réquisition de la force publique et dénonciation des infractions.

Si à l'occasion du naufrage et des mesures de conservation et de sauvetage, auxquelles le consul doit se livrer, il est nécessaire de prendre quelques précautions à l'égard des administrations sanitaires du pays, ou de leur donner des avis; il veille à ce que tout ce qui est convenable ou obligatoire soit exactement observé. (*Même ordonnance, art.* 67.)

> **395.**
> Avis à donner aux administrations sanitaires.

Les consuls interposent leurs soins et leurs bons offices auprès des autorités du pays, pour obtenir la réduction ou la dispense des taxes sur les marchandises qui se trouveraient avariées par l'effet du naufrage, ou que les circonstances obligeraient de vendre dans le pays. (*Même ordonnance, art.* 68.)

> **396.**
> Intervention des consuls dans les rapports avec l'autorité locale.

Dans le cas d'échouement sans bris, le consul doit prendre les mesures nécessaires pour faciliter au capitaine les moyens de remettre le navire à flot. Il peut ordonner que le navire soit démoli, si la nécessité de désobstruer l'entrée du port ou le lieu de l'échouement est reconnue indispensable; ou si l'état des lieux, les réglements locaux, les déclarations ou réquisitions des autorités du pays, ne laissent pas le temps suffisant pour relever et dégager le navire.

> **397.**
> Soins dans le cas d'échouement sans bris.

Dans les décisions et déclarations relatives au cas de l'espèce, le consul doit procéder comme dans toute autre circonstance où il s'agit de statuer sur l'innavigabilité d'un navire, d'après l'avis d'experts assermentés, dont le procès-verbal doit rester annexé à la décision. (*Même ordonnance*, *art.* 69.)

398.
Paiement des frais de sauvetage,

Le consul pourvoit au paiement des frais de sauvetage, d'après une fixation amiable avec ceux qui ont travaillé. En cas de difficulté, il en fait la taxe si les soins ont été donnés par l'équipage du navire, et se conforme à celle qui a été faite par l'autorité locale compétente si les soins ont été donnés par des étrangers. (*Même ordonnance*, art. 70.)

399.
Revendication des objets sauvés ou de leurs produits,

Lorsqu'après le sauvetage, des propriétaires, assureurs ou leurs fondés de pouvoirs, se présentent pour obtenir la remise d'objets à l'égard desquels ils justifient de leurs droits, s'il s'agit du navire ou de ses débris, la délivrance leur en est faite par ordre du consul, moyennant l'acquittement proportionnel des frais de sauvetage. (*Même ordonnance*, art. 71.)

Quant aux marchandises, elles peuvent également être remises aux mêmes conditions, à moins que l'insuffisance des produits du navire ne rende nécessaire le paiement du fret, auquel cas sa fixation est l'objet d'un réglement spécial fait par le consul, en raison du voyage avancé, et sauf le consentement des parties. (*Circulaire du* 8 *octobre* 1839, *Prises.*)

400.
Ventes pour acquitter les frais.

Afin d'acquitter, conformément à l'art. 398, les frais et dépenses du sauvetage, le consul fait procéder, selon que l'urgence ou les circonstances peuvent l'exiger, à la vente publique de tout ou partie des débris, agrès et apparaux sauvés.

S'il y a eu des marchandises sauvées, le consul peut en faire vendre aux enchères jusqu'à concurrence de la part incombant à ces marchandises dans les frais généraux de sauvetage, d'après les comptes de liquidation. (*Ordonnance du* 29 *octobre* 1833, *art.* 72 *et* 74.) Toutefois il ne doit recourir à cette mesure qu'avec beaucoup de ménagement, et attendre, autant que possible, que les parties intéressées (les propriétaires, les chargeurs pour compte ou les assureurs), auxquels l'avis doit en être donné, aient fait connaître leurs intentions. (*Circulaires des* 5 *mai* 1837 *et* 8 *octobre* 1839, *Prises.*)

401.
Vente de marchandises avariées.

Il peut également faire procéder à la vente des marchandises avariées, après la constatation, par des experts assermentés , de l'état d'avarie où se trouvent ces marchandises, de l'impossibilité d'en opérer le bénéficiement, et de les conserver en magasin, sans que leur valeur soit à peu près absorbée ou par une détérioration reconnue inévitable , ou par les frais de loyer. (*Art. 72 de l'ordonnance du 29 octobre* 1833. — *Circulaire du 5 mai* 1837.)

402.
Dépenses à la charge de l'État.

Lorsqu'aucune partie de la cargaison n'ayant pu être sauvée , le seul produit des débris du navire ne suffit pas pour acquitter les dépenses du sauvetage , ainsi que les secours indispensables aux naufragés, et , s'il y a lieu , leurs frais de conduite, le consul avance le complément nécessaire, et s'en rembourse aussitôt par des traites sur le trésor public, à viser pour acceptation par le ministre de la marine. (*Ordonnance du* 29 *octobre* 1833, *art.* 74.)

403.
Les consuls et leurs chanceliers ne peuvent se rendre adjudicataires.

Il est interdit aux consuls et chanceliers de se rendre directement ou indirectement acquéreurs ou adjudicataires de quelque partie que ce soit des objets vendus d'après leurs ordres ou par leur entremise après un sauvetage. (*Même ordonnance, art.* 73.)

404.
Protestations à faire dans certains cas.

Si contrairement soit aux traités ou conventions , soit au principe de la réciprocité, les autorités locales, dans les pays où elles sont en possession de donner exclusivement leurs soins au sauvetage des navires , exigent des droits autres que ceux fixés par les tarifs ou par l'usage , ou que de toute autre manière , il soit porté atteinte aux droits de propriété des Français, les consuls doivent faire les représentations ou protestations convenables.

Ils agiraient de même si l'autorité locale leur contestait le droit de gérer librement le sauvetage des navires français dans les pays où ce droit leur est accordé soit par les traités ou conventions, soit en vertu du principe de la réciprocité. (*Ordonnance du* 29 *octobre* 1833 , *art.* 75.)

405.
Frais de voyage des agents consulaires et rétribution des chanceliers.

Lorsque les consuls et chanceliers sont obligés de se déplacer pour des opérations relatives à un naufrage , il leur est alloué des frais de voyage et de séjour, conformément aux tarifs de chancellerie. (*Même ordonnance, art. 76.*) L'allocation de ces indemnités est subordonnée à la distance parcourue. Si cette distance est moindre de 4 kilomètres, le déplacement ne comporte aucune indemnité; s'il y a plus de 4 kilomètres de la résidence du consul à l'endroit du naufrage, la distance totale est comptée pour le calcul des frais de route, et les frais de séjour sont payés; mais à raison seulement d'une vacation par jour.

Quant au dépôt des fonds provenant des ventes d'effets naufragés, il comporte, au profit des chanceliers, une allocation proportionnelle de 0,15 cent. par 100 francs. Cette attribution ne doit pas être prélevée sur le montant des produits de bris et naufrages; elle doit être perçue par eux au moyen de la retenue qu'ils en opèrent sur leurs remises en France, et qu'ils portent en dépense à la caisse des invalides.

Toute autre perception est interdite relativement à l'administration des naufrages et aux actes qui en sont la conséquence; ainsi la rédaction et l'expédition des procès-verbaux de sauvetage, la conservation et la vente des objets sauvés, les comptes de liquidation, la taxe et la répartition des frais, etc., ne donnent ouverture à aucun droit de chancellerie, sous quelque forme et dénomination que ce puisse être. Tout ce travail doit être fait sans rétribution dans les consulats, comme il l'est dans les quartiers de l'inscription du royaume. (*Réglement du 17 juillet 1816, art. 82. —Circulaires du 21 septembre 1821, Colonies et consulats, et du 8 octobre 1839, Prises.*)

406.
Compte de liquidation.

Le complément des soins que donnent les consuls aux sauvetages dont ils sont chargés se rapporte au compte de liquidation. Ce compte sur lequel repose le règlement de beaucoup d'intérêts distincts ne saurait être fait avec trop d'attention et représenter trop de détails. Un des points importants est la classification précise des faits généraux et particuliers, et leur imputation proportionnelle, partielle ou totale sur le produit ou la valeur de chaque espèce d'objets sauvés. Il est essentiel aussi d'y faire ressortir distinctement le produit net revenant à chacun des intéressés. (*Circulaire du 8 octobre 1839, Prises.*)

Tous les trois mois les consuls adressent au ministre de la marine un compte présentant, par bâtiment, le résultat des opérations relatives au service des bris et naufrages. Ce compte est appuyé de tous les procès-verbaux de sauvetage et de vente, ensemble de toutes les pièces justificatives concernant les recettes et les dépenses propres à chaque bâtiment.

Le solde du compte est remis sur-le-champ au ministre de la marine [1] soit en traites de toute solidité, soit en numéraire, s'il n'a pas été possible de se procurer les traites ; les traites ou connaissements sont à l'ordre du trésorier-général des invalides qui est chargé d'en encaisser le montant et de le faire parvenir, sans retard et sans frais, au domicile des parties intéressées. (*Ordonnance du* 29 *octobre* 1833 *, art.* 77.)

407.
Compte trimestriel des bris et naufrages.

Les dispositions relatives aux naufrages des bâtiments du commerce sont applicables aux bâtiments de l'État. (*Instruction du* 1er *octobre* 1814.)

Si des ancres, des chaînes, des embarcations ou des effets et munitions quelconques, sont sauvés du naufrage d'un bâtiment de guerre, le consul doit prendre telles mesures que lui indiquent les instructions qui lui ont été adressées, et, à défaut d'instructions, se guider d'après ce que la prudence lui suggérerait pour le bien du service. Il doit rendre compte des faits et des résultats au ministre de la marine. (*Ordonnance du* 7 *novembre* 1833 *, art.* 24 *et* 27.)

408.
Sauvetage des bâtiments de l'État naufragés.

Si, d'après les instructions qu'il a reçues ou d'après la détermination qu'il a cru devoir prendre lui-même en raison soit de l'état de dépérissement, soit de la cherté ou de la difficulté du transport, les objets provenant des bâtiments de l'État doivent être vendus sur les lieux en tout ou en partie, la vente ne peut se faire que par voie d'adjudication publique. (*Même ordonnance, art.* 25.)

409.
Mode de vente des objets en provenant.

[1] Quelques consuls se sont écartés de cette ligne, en transmettant directement aux ports d'armement des bâtiments naufragés les comptes de leur sauvetage. Ils y ont joint pour remise de leurs produits des traites qu'ils ont tirées à l'ordre des administrateurs de la marine, et en cela ils ont commis l'erreur grave de confondre deux fonctions qui sont incompatibles, celle d'administrateur et celle de comptable. (*Circulaire du* 12 *mars* 1830.)

En cas de vente il est dressé un procès-verbal détaillé que le consul transmet aussitôt avec le produit et les pièces justificatives au ministre de la marine. (*Même ordonnance, art.* **26.**)

Les consuls, au surplus, doivent se conformer aux dispositions relatives aux sauvetage des bâtiments naufragés sur les côtes du royaume, et à la vente de ces bâtiments. (*Instruction du* 1er *octobre* 1814.)

CHAPITRE II

Paiement et rapatriement des équipages.

Les marins naufragés en pays étrangers sont rapatriés d'après les ordres des consuls agissant, lorsqu'il y a lieu, de concert avec les commandants des bâtiments de l'État. (*Ordonnance du* 12 *mai* 1836, *art.* 1er.)

Le consul dans l'arrondissement duquel un navire a naufragé doit veiller à ce que le décompte proportionnel des salaires de l'équipage soit établi suivant l'importance du produit du navire et des débris, ensemble du fret acquis. Toutefois aucun paiement de salaires ne doit être fait à l'équipage ; les sommes lui revenant sont versées à la caisse de la chancellerie et transmises aussitôt au trésorier-général des invalides chargé d'en faire acquitter le montant aux marins, dans les quartiers où ils sont respectivement inscrits.

Indépendamment de la solde due aux marins de l'équipage, le consul prélève par priorité sur les produits ci-dessus mentionnés la somme estimée nécessaire pour leurs frais de rapatriement. (*Ordonnance du* 29 *octobre* 1833, *art.* 33. — *Circulaire du* 21 *février* 1832, *Colonies, consulats et prises.*)

Le consul adresse des comptes au ministre de la marine, pour toutes ces opérations. (*Même ordonnance, même art.*)

Quant aux marins étrangers, le consul, après s'être assuré s'il a été possible d'acquitter leurs salaires et de pourvoir à leurs frais de retour, les dirige vers leurs consuls respectifs. (*Même ordonnance, art.* 34.)

415.
Secours à donner aux marins naufragés.

Les consuls qui ont à assurer le rapatriement de marins français doivent pourvoir à leurs besoins les plus urgents, tant en subsistance que vêtements, chaussures et autres objets indispensables, et donner sur-le-champ avis de cette dépense au ministre de la marine, sur lequel ils se remboursent, sauf le recours de droit à exercer ultérieurement par ce ministre dans l'intérêt de l'État. (*Même ordonnance, art.* 35.)

416.
Rapatriement par la voie de mer.

Le rapatriement des marins naufragés doit être effectué autant que possible par la voie de mer.

Il l'est par navire français, ou à défaut par navire étranger.

Dans le premier cas, les consuls font embarquer les marins soit à titre de remplaçants, soit comme passagers.

S'il s'agit de répartir des hommes à titre de remplaçants, le consul les inscrit sur le rôle d'équipage, en mentionnant leur solde qui ne doit jamais excéder celle qu'ils avaient à bord du bâtiment naufragé.

Si les hommes sont placés comme passagers, le consul les inscrit également sur le rôle d'équipage, en mentionnant l'indemnité que le capitaine a reçue ou doit recevoir par homme et par jour. (*Circulaire du* 13 *avril* 1832, *Colonies, consulats et prises.*)

417.
Obligation imposée aux capitaines des navires français pour le rapatriement des marins.

Tout navire français prêt à faire voile pour l'un des ports du royaume ou pour une colonie française est tenu, à la réquisition du consul, de recevoir les matelots naufragés. Pour le placement sur les navires français des hommes à renvoyer en France, les consuls doivent se guider d'après la prudence et l'équité. En cas de représentation de la part des capitaines, ils dressent un procès-verbal qu'ils transmettent au ministre de la marine. (*Ordonnance du* 29 *octobre* 1833, *art.* 51 *et* 52.)

418.
Frais de passage sur les navires du commerce français.

Quelle que soit la provenance des marins, si leur retour s'effectue sur les navires du commerce français, et qu'ils ne puissent pas être embarqués comme remplaçants, il est payé par jour au capitaine après l'arrivée dans

16

un port de France ou dans une colonie française l'indemnité déjà mentionnée à l'article 202,

SAVOIR :

Pour les capitaines commandant au long cours, lorsqu'ils proviennent d'un navire ayant fait soit la pêche de la baleine, soit la grande navigation dans les mers de l'Inde, au-delà des caps Horn et de Bonne-Espérance et aux Antilles . . . . 3 f. » par jour.

Pour les mêmes, provenant de la navigation d'Europe 2 f. 50 c.   *id.*

Pour les seconds capitaines, lieutenants et chirurgiens, provenant soit de la pêche de la baleine, soit de la grande navigation dans les mers de l'Inde, au-delà des caps Horn et de Bonne-Espérance, et aux Antilles . . . . 2 f. »   *id.*

Pour les mêmes et les maîtres au petit cabotage, provenant de la navigation d'Europe . . . . 1 f. 50 c.   *id.*

Pour tous les autres marins de l'équipage . . . . . . 1 f. »   *id.*

(Ordonnance du 12 mai 1836, art. 3.)

419.
Proportion dans laquelle les marins à rapatrier doivent être embarqués.

Les capitaines des bâtiments du commerce français ne sont tenus de recevoir à leur bord, sur l'ordre de l'autorité consulaire, les marins naufragés à rapatrier, qu'à raison de deux hommes par 100 tonneaux. (*Circulaire du* 17 *octobre* 1837, *Colonies et consulats.*)

420.
Retour sur les bâtiments de l'État.

Si le retour s'opère sur les bâtiments de la marine royale, le passage ne donne lieu à aucune demande de remboursement.

Les capitaines provenant de toute navigation au long cours sont admis à la table de l'état-major ; et les seconds capitaines, lieutenants, maîtres au petit cabotage et chirurgiens, à la table des élèves ou à celle des premiers maîtres. (*Ordonnance du* 12 *mai* 1836, *art.* 4.)

Les matelots sont nourris à la ration et ils sont même portés sur le rôle d'équipage soit en arrivant à bord, ou pendant le cours de la campagne, pour recevoir en outre une paie proportionnée à leur service, si, par la perte que le vaisseau aurait pu faire en gens de mer, il y avait lieu à un remplacement d'équipage, en observant toujours de ne point excéder le nombre fixé à l'armement. (*Règlement du 1er novembre 1784, art.* 82.)

A défaut de navires français, le consul peut faire embarquer les marins naufragés sur un navire étranger prêt à faire voile pour la France ou pour une colonie française ; il règle alors le prix du passage, fait les avances et passe tout acte nécessaire pour que le capitaine qui ramène ces marins soit, à son arrivée en France, payé du prix de transport par les soins de l'administration du port d'arrivée. (*Ordonnance du 29 octobre* 1833, *art.* 37.)

421.
Passage sur les navires étrangers.

Le prix du passage doit être l'objet d'un contrat fait double entre le consul et le capitaine, dont l'un est remis au capitaine et l'autre reste déposé en chancellerie. (*Circulaire du 13 avril* 1832, *Colonies, consulats et prises.*)

Si le retour des marins provenant des navires du commerce a lieu par terre, les frais de conduite sont réglés conformément au tarif suivant :

422.
Retour par terre.

Au capitaine au long cours et au grand cabotage............................... 3 f. » par myriam.

Aux capitaines en second, lieutenants, subrécargues, chirurgiens et écrivains............ 2 f. » id.

Aux maîtres de navire du petit cabotage, et premiers maîtres dans les navires au long cours. . 1 f. 50 c. id.

Aux officiers, mariniers, pilotes, côtiers et maîtres ouvriers .... » 80 c. id.

Aux matelots et ouvriers marins........... » 60 c. id.

Aux volontaires, novices, mousses, coqs, surnuméraires .... » 50 c. id.

(*Arrêté du 5 germinal an XII, art.* 8. — *Ordonnance du 12 mai* 1836, *art.* 2.)

Si les capitaines officiers ou marins rapatriés par mer, ne trouvent pas d'emploi immédiat dans le port où ils ont été débarqués, et s'ils demandent à retourner dans leurs quartiers d'immatriculation, il leur est payé, à titre de frais de conduite, savoir :

423.
Frais de conduite alloués aux marins rapatriés qui rejoignent leurs quartiers.

Au capitaine, provenant d'un navire qui a été expédié au long cours . . . . 3 f. » par myriam.

Au second capitaine, au lieutenant et au chirurgien, provenant de la même navigation . . . . . 2 f. » *id.*

Au capitaine, provenant d'un navire armé pour
le cabotage . . . . 1 f. 50 c. *id.*

Aux maîtres d'équipage et aux autres hommes
de la maistrance . . . . » 80 c. *id.*

Aux matelots, novices et autres. . . . . » 60 c. *id.*

Le paiement de cette allocation a lieu moitié lors du départ, le troisième quart à moitié route, si la partie déclare en avoir besoin, et le complément ou le dernier quart à l'arrivée à destination. [1] (*Ordonnance
du 12 mai 1836, art. 5.*)

424.
En quel cas les frais de rapatriement sont à la charge de
l'État.

Comme il a été dit à l'article 205, les dépenses de rapatriement sont
imputables sur le produit réuni des débris du navire et du fret des marchandises sauvées : ce n'est qu'en cas d'insuffisance de ces deux fonds
réunis pour le paiement des frais de sauvetage et de rapatriement des
marins que le trésor pourvoit à l'excédant. Mais, dans cette hypothèse, il
ne peut être question de comprendre dans la liquidation de sauvetage ni
droits de consulat, ni droit de chancellerie. (*Circulaire du 13 avril
1832, Colonies et consulats, Prises.*)

[1] Ce tarif établi par l'ordonnance du 12 mai 1836, pour les conduites à payer lorsqu'une partie seulement du trajet à faire pour rejoindre le port d'armement a été effectuée par terre, diffère
en quelques points de celui que porte la même ordonnance pour le cas où le retour serait fait en
entier par cette voie (*voir* art. 422). Par exemple, c'est d'après la provenance du capitaine et non
d'après sa qualité que l'indemnité à lui allouer est fixée. De sorte qu'un simple matelot qui a été
autorisé à commander à la pêche de la baleine, conformément à la dépêche du 7 juillet 1834, se
trouve à être plus favorablement traité qu'un capitaine au long cours qui a navigué au cabotage.
En second lieu les premiers maîtres au long cours ne sont plus traités comme les maîtres au cabotage, leur conduite est la même que celle des autres maîtres. Les volontaires, novices, mousses,
coqs et surnuméraires reçoivent au contraire une indemnité de route plus forte. Quant aux subrécargues et aux écrivains ils sont oubliés. L'omission de ces derniers se conçoit, parce qu'il n'en est
plus embarqué sur les bâtiments du commerce, mais on ne voit pas le motif pour lequel le tarif ne
parle pas des subrécargues, qui sont encore employés dans certaines opérations. A l'occasion, la
conduite devrait, ce nous semble, leur être payée d'après la fixation déterminée au tarif de l'art.
422.

CHAPITRE III.

Rapatriement des militaires de l'armée de terre.

Les militaires qui se trouvent en pays étrangers par suite de naufrage, reçoivent, par les soins des agents consulaires français qui y résident, les secours en argent ou en vivres et en vêtements qui leur sont indispensables pendant leur séjour obligé dans ces pays, ou pendant le trajet qu'ils ont à faire pour rentrer en France. Ces secours sont à la charge de l'État. (*Ordonnance du 20 décembre 1837, art. 90.*)

425.
Les militaires naufragés en pays étrangers ont droit à des secours.

Les secours en argent sont proportionnés aux prix des denrées de première nécessité dans le pays. La quotité en est réglée, par l'agent politique ou consulaire, sur deux taux uniformes : l'un pour les officiers de tous les grades indistinctement, l'autre pour les sous-officiers et soldats.

Quand le militaire est en marche, les secours en argent ne lui sont accordés que pour le trajet à faire jusqu'à la plus prochaine résidence d'un agent politique ou consulaire français, lequel continue l'allocation ou la modifie, eu égard à la valeur des denrées dans le pays à traverser. (*Même ordonnance, art. 91 et 92.*)

426.
Secours en argent.

Les militaires qui, revenant de l'étranger, sont transportés en France aux frais de l'État sur les bâtiments de la marine royale ou sur les navires du commerce, n'ont droit à aucun secours en argent pour le temps que dure la traversée. (*Même ordonnance, art. 93.*)

427.
Ne sont pas accordés durant la traversée.

Les effets ci-après désignés sont les seuls dont la fourniture puisse être autorisée, savoir :

Une capote ou redingote,
Un pantalon,
Un bonnet de police ou autre coiffure analogue,
Un col ou cravate,
Une chemise,
Une paire de guêtres,
Une paire de souliers.

428.
Secours en vêtements.

La distribution de ces effets pendant la station à l'étranger, ou la route à parcourir jusqu'à la frontière de France, n'a lieu qu'en cas d'urgence absolue, et au fur et à mesure des besoins. (*Idem, art.* 94.)

429.
Cas où les militaires forment détachement.

Lorsque des secours sont réclamés par des militaires formant détachement, l'agent consulaire ne les leur accorde que sur la remise que lui fait le chef de la troupe d'un état dressé et certifié par lui, où les hommes qu'il commande sont désignés par noms, prénoms et grades, avec indication du corps auquel ils appartiennent. (*Idem, art.* 95.)

430.
Il peut être fait des avances aux officiers.

Indépendamment des secours que les consuls français ont la faculté d'accorder au compte de l'État, ils sont, en outre, autorisés à faire des avances en argent aux militaires qui justifient être pourvus du grade d'officier. Toutefois ces avances ne peuvent excéder le montant d'un mois de solde, pendant toute la durée du séjour ou de la marche de l'officier en pays étranger.

La quittance est adressée immédiatement au ministre de la guerre, par l'intermédiaire du ministre des affaires étrangères, et transmise à l'intendant de la division militaire où l'officier doit résider à son retour en France. (*Idem, art.* 96.)

431.
Mention à faire sur les passeports.

Les secours en argent ou en vêtements accordés par les consuls aux militaires de tous grades, et les avances faites par eux aux officiers, sont exactement mentionnés, au point de départ et pendant leur route, sur les passe-ports ou autre titre authentique au moyen duquel ils voyagent. (*Idem, art.* 98.)

432.
État trimestriel des secours et avances distribués.

Les dépenses effectuées par les agents consulaires pour le compte du département de la guerre sont portées, à l'expiration du trimestre auquel elles s'appliquent, dans un état certifié par eux et qui présente distinctement pour chacun des militaires qui y figurent, la nature des secours qu'il a reçus et la somme qui y est afférente, ainsi que le montant des avances qui peuvent lui avoir été faites ; les états nominatifs dressés par les chefs de détachement, dans le cas prévu par l'art. 429 y restent annexés.

Aucune pièce justificative n'est exigée des agents consulaires, à l'appui de leurs états trimestriels de dépenses. (*Idem,* 99.)

Les agents consulaires doivent, autant que possible, renvoyer en France, par la voie de mer, les militaires à l'étranger.

433.
Traversée sur un bâtiment français.

Les capitaines des bâtiments français sont tenus de les recevoir à leur bord. S'ils s'y refusent, la déclaration par écrit qu'ils sont requis de faire à cet égard, ou, à défaut de cette déclaration, le rapport des motifs qu'ils allèguent, est adressé au ministre des affaires étrangères, qui le transmet au ministre de la guerre.

Le prix de la traversée sur un bâtiment français de la marine marchande est, par jour, de 3 fr. pour un officier, quel que soit son grade, et de 1 fr. pour un sous-officier ou un soldat. (*Idem*, *art.* 101.)

Lorsque le transport ne peut s'effectuer que par un bâtiment étranger, l'agent consulaire traite de gré à gré avec le capitaine. (*Idem*, *art.* 102.)

434.
Passage sur un bâtiment étranger.

435.
Frais de traversée acquittés à l'arrivée.

Le prix de la traversée n'est acquitté qu'à l'arrivée à destination. Toutefois, quand le navire est étranger, ce prix est payé d'avance au capitaine, s'il l'exige.

Le capitaine, si le navire est français, remet, au sous-intendant militaire dans l'arrondissement duquel se trouve le port de débarquement, l'état nominatif, certifié par le consul du point de départ, des militaires qu'il a reçus à bord ; et si le bâtiment est étranger, une attestation émanée de la même autorité, constatant la somme convenue pour le transport. Le sous-intendant délivre aussitôt son mandat de paiement.

Si c'est l'agent consulaire qui acquitte directement le prix de la traversée, la somme qu'il paie au capitaine figure dans l'état trimestriel mentionné à l'article 432. (*Idem*, *art.* 103.)

Le ministre de la guerre tient compte directement au département de la marine des dépenses qu'occasionne à ce département le transport des militaires de l'armée de terre par les bâtiments de l'État. (*Idem*, *art.* 104.)

436.
Les frais de passage sur les bâtiments de l'État sont remboursés au département de la marine.

En cas de décès d'un militaire, le consul a soin d'en recueillir l'acte et le joint à l'état trimestriel de ses dépenses. (*Ordonnance du 24 septembre* 1823, *art.* 119.)

437.
Envoi de l'acte de décès de tout militaire mort en pays étranger.

TITRE VII.

ACTES DE DÉVOUEMENT

Envers les personnes et les propriétés naufragées.

Les marins qui se sont signalés par des actes de dévouement envers les personnes ou les propriétés naufragées reçoivent à titre de récompense :

Une médaille, pour des actions d'éclat ;

Une gratification, pour des faits moins remarquables.

Lorsque le marin sauveteur qui a mérité la première de ces récompenses est dans l'indigence et a éprouvé des pertes par suite de son dévouement, il peut être joint au don de la médaille une petite somme d'argent à titre de secours ou d'indemnité. (*Circulaire du* 21 *mars* 1820, *Police de la navigation.*)

L'allocation d'une médaille n'a pas lieu pour une action telle, par exemple, que celle d'un marin qui, par un temps calme et sachant nager, se jette à l'eau pour sauver un de ses semblables ; cette conduite est sans contredit fort honorable ; mais elle est une sorte d'obligation pour tout nageur, et par conséquent elle ne mérite que des éloges ou une gratification suivant les circonstances du fait. Pour que le sauveteur ait des droits à une médaille, il faut qu'il soit constant qu'il a compromis ses jours en bravant des dangers réels auxquels il n'eût pas été blâmable de ne pas s'exposer, en étant témoin d'un désastre qu'il s'agissait de prévenir. (*Circulaire du* 7 *septembre* 1831, *Police de la navigation.*)

Les circonstances des faits de sauvetage et particulièrement de ceux qui sont de nature à motiver l'allocation d'une médaille sont constatés avec le plus grand soin, afin de mettre le ministre à portée d'apprécier en pleine connaissance de cause les demandes qui lui sont adressées. (*Même circulaire.*)

Le soin de donner suite aux demandes de récompenses pour faits de sauvetage appartient à l'autorité maritime :

1° Lorsque le fait s'est passé en mer ou sur les côtes de la mer, quels qu'en soient les auteurs ;

2° Lorsqu'il s'est passé sur une rivière dans la circonscription d'un quartier maritime et qu'un marin en est l'auteur ;

3° Lorsque le fait a eu lieu sur une rivière dans la circonscription d'un quartier maritime, quels qu'en soient les auteurs, s'il a eu pour objet les secours à porter à un bâtiment de mer, en danger de naufrage ou naufragé. (*Circulaire du 21 avril 1832, Police de la navigation.*)

Il ne doit être proposé pour la concession de médailles que des hommes qui sont disposés à recevoir ce témoignage de leur bonne conduite. (*Circulaire du 10 mai 1839, Corps organisés.*)

En faisant au ministre la demande d'une médaille en faveur des marins sauveteurs, on doit faire connaître leurs noms, prénoms, et grades, pour la composition de l'inscription à graver sur la médaille. (*Circulaire du 21 mars 1820, Police de la navigation.*)

L'administrateur en chef du sous-arrondissement, auquel le ministre adresse les médailles pour être par lui transmises, y joint un certificat dont l'objet est de rappeler sommairement les détails et la date de l'événement, la récompense accordée ainsi que la date de la dépêche ministérielle qui en a annoncé la concession. Ce certificat est remis en même temps que la médaille au marin qui l'a obtenue. (*Même circulaire.*)

Cette remise est faite par le commissaire de l'inscription maritime soit à bord du navire auquel appartient le concessionnaire, soit lorsqu'il s'agit d'un marin non embarqué dans le bureau même de cette administrateur, qui, dans l'un ou l'autre cas, peut se faire accompagner des six plus anciens capitaines et patrons existants au chef-lieu du quartier. (*Même circulaire.*)

Les récompenses et leurs motifs doivent être annotés sur la matricule

17

des gens de mer, lorsque les sauveteurs sont classés. (*Dépêche du 18 juillet 1828, Police de la navigation.*)

447.
Les médailles peuvent être portées à la boutonnière.

Les marins et riverains concessionnaires de médailles de sauvetage sont autorisés à les porter à la boutonnière, suspendues à un ruban tricolore. Le ruban tricolore destiné à soutenir la médaille doit avoir les trois liserés d'une largeur égale, et il ne peut dans aucun cas être porté sans la médaille. (*Circulaire du 23 avril 1831, Police de la navigation.*)

TITRE VIII.

CONCESSIONS

Sur la caisse des invalides de la marine aux familles des marins noyés dans les naufrages.

Les familles des marins qui ont trouvé la mort dans le naufrage total ou partiel d'un bâtiment du commerce ou d'un bateau de pêche, ont droit à des secours. (*Circulaires du 9 septembre 1834 et du 4 septembre 1839, Invalides.*)

448.
Secours.

Les ports sont autorisés à faire en tout temps en leur faveur des propositions d'urgence, et ces propositions doivent toujours être le plus rapprochées qu'il est possible du sinistre qui y a donné lieu. (*Circulaire du 9 septembre 1834, Invalides.*)

L'initiative de ces propositions appartient au commissaire de l'inscription maritime du quartier où réside la famille des marins noyés. (*Circulaire du 8 novembre 1836, Invalides.*)

449.
Par qui demandés.

Sur le premier avis du sinistre constaté, cet administrateur se fait remettre soit par le syndic des gens de mer, soit, à défaut, par les maires des communes, les éléments nécessaires pour la rédaction d'un *état de demande de secours* qu'il arrête sous sa seule certification. (*Même circulaire.*)

450.
Établissement des demandes.

Cet état doit faire connaître individuellement :

1° Les nom et prénoms du marin noyé dans le naufrage ;

2° Les noms et prénoms de la veuve et des orphelins [1], s'il y en a, avec l'indication de leur âge ;

451.
Énonciation qu'elles doivent présenter.

---

[1] Il est accordé des secours par chaque orphelin au-dessous de l'âge de seize ans qui ne serait pas lui-même embarqué. (*Circulaire du 8 novembre 1836.*)

3° A défaut de veuve, les noms et prénoms des père et mère du marin, dans le cas où celui-ci aurait été réellement leur soutien. (*Même circulaire.*)

L'envoi dudit état et des extraits de pièces constatant le sinistre est fait sans retard au chef-lieu du sous-arrondissement d'où la transmission au ministre de la marine s'effectue par urgence après visa par le commissaire-général ou le chef du service de la marine.

Le ministre statue ensuite par décision sur ledit état. (*Même circulaire.*)

Si le bâtiment naufragé est un bâtiment de l'État, la veuve du marin noyé a droit à une pension fixée au quart du maximum de la pension d'ancienneté affectée au grade dont le mari était titulaire. Néanmoins celle des veuves des marins et autres au-dessous du rang d'officier ne peut être moindre de 100 francs.

A défaut de veuve les orphelins mineurs, quel que soit leur nombre, ont droit à un secours annuel égal à la pension que la mère aurait été susceptible d'obtenir. Ce secours leur est payé jusqu'à ce que le plus jeune d'entre eux ait atteint l'âge de 21 ans accomplis ; mais dans ce cas la part des majeurs est reversible sur les mineurs. (*Loi du 18 avril 1831, art. 19, 21 et 22.*)

L'instruction des demandes de pension et l'établissement des états de proposition ont lieu d'après les règles établies pour les concessions en vertu de la loi du 18 avril 1831.

A défaut de veuve et d'orphelins, les pères et mères des marins noyés dans le naufrage d'un bâtiment de l'État ont droit à des secours réglés conformément à la loi du 13 mai 1791, s'il est reconnu que le marin décédé était réellement leur soutien. (*Circulaire du 4 septembre 1839, Invalides.*)

TITRE IX.

POURSUITE

Des Délits et contraventions.

Le commissaire de l'inscription maritime, qui acquiert la connaissance d'une contravention, d'un délit ou d'un crime [1], commis à l'occasion d'un naufrage, doit en dresser procès–verbal et le transmettre à l'officier de police judiciaire chargé de poursuivre. (*Décret du* 9–13 *août* 1791, *tit.* 1er, *art* 10.)

456.
A qui sont remis les procès-verbaux des infractions commises.

.S'il s'agit d'une contravention, les procès–verbaux et renseignements qui y sont relatifs sont transmis au commissaire de police, et, dans les communes où il n'y en a point, au maire.

S'il s'agit d'un délit ou d'un crime ils sont adressés au procureur du roi. (*Code d'instruction criminelle, art.* 11 *et* 29.)

Les juges-de-paix et les officiers de gendarmerie, officiers de police, auxiliaires du procureur du roi, reçoivent les dénonciations de crimes et délits commis dans les lieux où ils exercent leurs fonctions habituelles. Les maires, adjoints de maires et les commissaires de police reçoivent également au même titre les dénonciations. (*Même code, art.* 48 *et* 50.)

Si le délit est flagrant, le commissaire de l'inscription, et même toute personne, doit arrêter sur–le–champ le coupable et le faire conduire avec le procès–verbal d'arrestation, devant l'officier de police judiciaire le plus voisin, sans qu'il soit besoin de mandat d'amener. (*Décret du* 6–22 *août* 1791, *tit.* 7, *art.* 7. — *Code d'instruction criminelle, art.* 106.)

457.
En cas de flagrant délit tout individu peut arrêter le prévenu.

Dans le·cas d'enlèvement furtif d'objets naufragés, le commissaire de

458.
Enlèvement furtif d'objets naufragés.

[1] On appelle *contravention* l'infraction qui n'est passible que de peines de police ; *délit*, celle que les loir   peines correctionnelles, et *crime* celle qui est susceptible d'être punie de peinc·   ·nantes.

l'inscription maritime, et même le syndic, en l'absence du juge-de-paix, a le droit de prendre les renseignements nécessaires, d'entendre les témoins indiqués, et de faire les visites domiciliaires chez les personnes prévenues d'avoir soustrait ou recélé ces objets. (*Arrêté du 27 thermidor an* VII, *art. 6.*)

459.
Pillage à force ouverte.

Si le pillage des effets naufragés se fait à force ouverte, par attrouppement, le commissaire de l'inscription doit réclamer le concours des agents municipaux ; la commune où le délit a été commis en est civilement responsable. (*Arrêté du 27 thermidor an* VII, *art. 7.—Dépêche du 31 décembre* 1817, *Police de la navigation.*)

460.
Les objets saisis sont remis aux propriétaires.

Les délits des sauveteurs ne peuvent compromettre les justes droits du propriétaire.

Les objets sauvés sont conservés soit en nature, soit en argent, pour être remis aux propriétaires naufragés, sur leur réclamation légale. (*Décret du 6–22 août* 1791, *tit.* 7, *art.* 7. — *Circulaire du 9 février* 1818, *Prises.*)

461.
Recommandation de constituer avoué dans les affaires qui intéressent la caisse des invalides.

Dans toutes les affaires qui intéressent la caisse des invalides, l'administration ne doit pas négliger de constituer avoué. (*Circulaire du 28 décembre* 1818, *Prises.*)

462.
Attribution à la caisse des invalides du produit des amendes.

Le produit des amendes légalement prononcées pour contravention aux lois et réglements maritimes est attribué à la caisse des invalides. (*Ordonnance du 22 mai* 1816, *art.* 5.)

463.
Poursuite des jugements et recouvrement des amendes.

L'administration de la marine n'est pas chargée de poursuivre directement l'exécution des jugements prononcés contre les auteurs de vols et pillages d'effets naufragés. Elle doit se borner à rappeler, s'il y a lieu, au ministère public le jugement à exécuter, et à surveiller le recouvrement des condamnations. (*Dépêche du 11 août* 1832, *Invalides.*)

Les préposés de l'enregistrement sont exclusivement chargés de ce recouvrement, mais à la charge de tenir compte à la caisse des invalides du principal des amendes. (*Loi du 5-19 décembre 1790*, art. 19.—*Circulaire du 15 septembre 1840, Invalides.*)

Les commissaires de l'inscription doivent avoir soin de citer toujours, dans leurs plaintes ou requêtes, la loi, l'ordonnance ou le décret en vertu duquel la partie est poursuivie, ensemble le texte de l'art. 5 de l'ordonnance du 22 mai 1816 qui attribue à la caisse des invalides le produit des amendes prononcées pour contraventions, afin que, par une mention dans le dispositif du jugement, on soit averti qu'il y aura à en compter avec la caisse des invalides. (*Même circulaire.*)

464.
Versement à la caisse des invalides.

Les préposés qui ont effectué des recettes attribuées à la caisse des invalides adressent à la fin du trimestre, au directeur du département, un état en double expédition, présentant le détail de ces recettes et la somme revenant nette à la caisse des invalides, après déduction de 5 p. 0/0 pour frais de régie. Le directeur en envoie une expédition à l'administrateur de la marine et provoque l'ordonnancement de la somme appartenant à la caisse des invalides. Une expédition de l'état du receveur est annexée au mandat de paiement délivré au nom du trésorier des invalides ou de son préposé dans les quartiers obliques et sous-quartiers de l'inscription. (*Instruction du directeur-général de l'enregistrement du 28 mars 1840.*)

465.
Indemnités allouées aux témoins.

Les agents de la marine appelés en témoignage obtiennent une indemnité de déplacement lorsqu'ils le demandent. (*Art. 82 du Code d'instruction criminelle.*)

Ceux qui n'ont pas droit à l'indemnité de route fixée par l'arrêté du 29 pluviose an IX, peuvent recevoir les frais de voyage à raison de *un franc* par myriamètre lorsqu'ils ne sortent pas de l'arrondissement judiciaire dans lequel ils sont domiciliés et de *un franc cinquante centimes*, quand ils sortent de cet arrondissement. (*Art. 2 du décret du 7 avril 1813. Lettre du ministre de la justice, du 22 août 1834.*)

Ils peuvent aussi dans l'un et l'autre cas recevoir une indemnité de séjour s'ils sont retenus plusieurs jours pour la cause qui les a fait appeler. Les autres agents qui reçoivent des frais de route payés par la marine, n'ont pas droit aux frais de voyage des témoins, ils ont seulement droit de réclamer cette indemnité de séjour forcé. (*Réglement du 18 juin 1811,* *art.* 31 *et* 96, *n*° 2. — *Même lettre.*)

Les poursuites exercées par l'administration de la marine contre les prévenus de vols et pillages d'effets naufragés, étant uniquement dans l'intérêt de l'ordre public, c'est naturellement au gouvernement qui doit protection et garantie aux propriétaires de ces effets à pourvoir aux frais de procédure.

Mais dans le cas de contravention aux lois et réglements maritimes, la caisse des invalides, profitant des amendes, doit être chargée des frais de poursuite. (*Circulaire du 15 mai 1819 et dépêche du 11 octobre 1833, Prises.*)

Ces frais sont avancés par les receveurs de l'enregistrement qui en opèrent ensuite le recouvrement sur les condamnés. Les frais de poursuites pour contraventions sont, en cas d'insolvabilité des condamnés, remboursés par la caisse des invalides, sur un relevé que le directeur de l'enregistrement transmet au chef du service de la marine de l'arrondissement ou sous—arrondissement. (*Instruction du directeur-général de l'enregistrement du 28 mars 1840.*)

Les commissaires-généraux ou chefs de service dans les arrondissements ou les sous—arrondissements, doivent envoyer en communication au ministre de la marine, sous le timbre *Invalides,* les états de frais dont l'ordonnancement leur est demandé par les directeurs ou receveurs de l'enregistrement et attendre la décision de S. Exc. pour ordonner le paiement. (*Circulaire du 15 septembre 1840, Invalides.*)

TITRE X.

COMPTABILITÉ DES NAUFRAGES.

Le commissaire de l'inscription maritime est chargé du dépôt des pièces relatives aux naufrages, il en délivre gratis les expéditions qui lui sont demandées. (*Arrêté du 17 floréal an* ix, *art.* 10.)

467.
Le commissaire de l'inscription est dépositaire des pièces relatives aux naufrages.

Il tient pour les bâtiments naufragés, ainsi que pour les bris et épaves un registre spécial sur lequel il inscrit, par ordre de date et de numéro, les déclarations qui lui sont faites directement et celles qui lui parviennent par l'intermédiaire des syndics des gens de mer. (*Circulaire du* 12 *février* 1836, *Prises.*)

468.
Un registre des sauvetages est tenu dans ses bureaux.

Le commissaire–général fait tenir dans ses bureaux un registre analogue ; il y fait enregistrer toutes les déclarations communiquées à cet effet par les commissaires de l'inscription auxquels elles sont immédiatement renvoyées. (*Même circulaire.*)

469.
Un semblable registre est tenu dans les bureaux du commissaire-général.

Il est établi une série de numéros par quartier (*circulaire du 18 octobre* 1836, *Prises*); cette série se renouvelle chaque année. (*Dépêche du* 11 *avril* 1837, *Lorient*, *Prises.*)

470.
Série de numéros donnée aux sauvetages.

Sur les registres mentionnés ci–dessus, les opérations relatives à chaque sauvetage sont suivies depuis l'origine jusqu'au moment où elles se terminent soit, en cas de réclamation de la part des propriétaires par la remise des objets en nature ou du produit net des ventes; soit, en cas de non réclamation dans le délai prescrit, par le versement des produits, de la caisse des gens de mer dans celle des invalides. (*Circulaire du* 12 *février* 1836, *Prises.*)

471.
Opérations à suivre sur les registres des sauvetages.

A l'expiration de chaque semestre, il est dressé un état de situation destiné au port chef–lieu qui, à son tour, forme un état général et le fait

472.
État semestriel à dresser.

18

parvenir au ministre. Le port chef-lieu, puis le bureau des *Prises, bris et naufrages*, informés ainsi de la marche de chaque affaire, peuvent apercevoir les lacunes, les retards et concourir spontanément à lever les difficultés quand il s'en présente. (*Même circulaire.*)

Cet état doit être adressé au ministre dans le cours du mois qui suit le semestre expiré. (*Circulaire du 18 avril 1836, Prises.*)

473.
Sauvetages à reproduire.

Les épaves et naufrages compris dans un état de semestre doivent continuer à être portés sur ceux des semestres suivants jusqu'à la régularisation définitive des opérations qui les concernent.

Sans reproduire sur chaque état les détails que comporte l'enregistrement primitif, on dresse à la suite un état supplémentaire qui rapporte seulement les numéros d'ordre des épaves ou des naufrages qui ont donné lieu à de nouvelles opérations depuis l'envoi de l'état du semestre précédent, et l'on remplit les colonnes destinées à en faire connaître la situation. (*Circulaire du 18 octobre 1836, Prises.*)

474.
Mention à faire sur les liquidations.

On doit rapporter, sur chaque expédition de liquidation d'épaves ou de naufrage, le numéro d'ordre de l'état semestriel dans lequel l'épave ou le bâtiment naufragé se trouve compris. (*Même circulaire.*)

475.
Renseignements à présenter dans le mémoire statistique.

Dans le mémoire sur l'état du commerce rédigé annuellement par les commissaires de l'inscription maritime, en conformité de la dépêche du 9 juillet 1814, la date et le lieu du naufrage, le nom, la nature, le tonnage de chaque bâtiment naufragé, l'espèce et la quantité des objets retirés ou venus à la côte, leur valeur et l'importance des frais de sauvetage sont indiqués sous le titre *Bris et naufrages.*

On fait connaître si ces objets ont été réclamés et rendus ; et en cas de vente quel en a été le produit. (*Circulaires du 9 juillet 1814 et du 9 juin 1817, Police de la navigation.*)

INSTRUCTION

sur les secours à donner aux noyés et aux asphyxiés
par le froid.

476.
Secours à donner aux noyés ou
asphyxiés par submersion.

En attendant un médecin ou un chirurgien on doit donner aux noyés les secours suivants :

On place le malade sur une ou deux couvertures et sur le côté droit, la tête un peu élevée et fléchie en avant. On entretient à distance un feu convenable de flamme.

On dépouille promptement le submergé, et, pour éviter de l'agiter trop violemment, on coupe ses vêtements avec des ciseaux.

On l'essuie avec des linges secs et chauds, s'il est possible ; on l'enveloppe de laine et on lui couvre la tête avec un bonnet de même étoffe. On fait ensuite des frictions sur tout le corps avec des frottoirs en laine que l'on a présentés au feu ; on frotte en même temps les extrémités avec des brosses.

On couvre les différentes parties du corps et notamment la poitrine, le creux de l'estomac et le ventre, d'étoffe de laine bien chauffée, et l'on met des bouteilles d'eau chaude ou des briques chaudes enveloppées de linge aux aisselles, entre les cuisses et à la plante des pieds ; on peut aussi se servir de fers à repasser que l'on promène à la surface du corps.

On ouvre, s'il est possible, la bouche du noyé et l'on tient les mâchoires écartées avec un bouchon de liége taillé en biseau.

On nettoie la bouche, la gorge et les narines des glaires qu'elles contiennent et on les chatouille avec des barbes de plumes.

On peut introduire de l'air dans les poumons par une des narines ; on ferme l'autre narine et la bouche avec les doigts et l'on pousse de l'air dans les poumons en soufflant avec la bouche, ou bien au moyen d'un soufflet.

On doit faire agir le soufflet par petites saccades et avec douceur, en évitant d'introduire à chaque mouvement un trop grand volume d'air dans les poumons. Il faut craindre de rompre par une insufflation trop forte les vésicules pulmonaires.

Entre chaque coup de soufflet il faut presser légèrement la poitrine et le bas-ventre de bas en haut et des deux côtés, afin de solliciter l'action des poumons.

Lorsque l'on comprime la poitrine et le bas-ventre on cesse de presser les narines et les lèvres, pour laisser sortir l'air qu'on a insufflé.

On met sous le nez du submergé le bouchon d'un flacon d'alkali volatil, après avoir mouillé ce bouchon avec la liqueur; on peut aussi lui frotter les tempes et les poignets avec du vinaigre des quatre-voleurs.

On ne doit tenter de faire avaler aucune liqueur au malade avant que la respiration soit rétablie.

Avant de verser un liquide dans la bouche, il faut abaisser la langue, qui, se trouvant appliquée au palais, s'opposerait au passage du liquide.

Si le malade a recouvré la faculté d'avaler, on lui donne une cuillerée à café d'eau de mélisse spiritueuse, un peu de vin chaud ou un peu d'eau-de-vie, dans de l'eau tiède, en se servant d'une cuillère ou d'un gobelet.

Si le noyé tardait à reprendre ses sens, il faudrait lui donner des lavements irritants, en faisant bouillir un paquet de séné et de sel purgatif dans un demi-litre d'eau.

Continuer ce traitement pendant plusieurs heures.

On ne doit jamais oublier que la putréfaction seule est le signe certain de la mort. (*Instruction du 25 avril* 1833, *insérée aux Annales maritimes de* 1834, *pag.* 58.)

477.
Aux asphyxiés par le froid.

Le traitement des asphyxiés par le froid consiste à rappeler graduellement la chaleur; il faut se garder d'approcher le malade du feu, dont l'action pourrait causer la mortification des parties qui y auraient été exposées.

On frictionne le corps avec de la neige, de la glace ou de l'eau froide,

dont on élève ensuite peu à peu la température. Cette opération se pratique facilement en mettant le malade dans un bain d'abord froid, dans
lequel on verse, de trois minutes en trois minutes, un litre d'eau chaude,
jusqu'à ce que la chaleur de l'eau parvienne aux 10°, 15° et 20° degrés
du thermomètre de Réaumur.

Cette augmentation de chaleur doit prendre environ trois quarts
d'heure. On applique ensuite, s'il est nécessaire, les mêmes secours que
pour les noyés. (*Même instruction.*)

RÉGLEMENTS

publiés en Danemarck, en Suède, en Russie et dans le duché de Mecklembourg sur le sauvetage des bâtiments naufragés ou échoués et sur les épaves.

—

DANEMARCK.

En Danemarck, le roi renonce à tout droit sur la valeur des objets naufragés ou échoués, lorsqu'ils ne sont pas considérés comme chose abandonnée et sans maître; et ils sont dans ce cas, lorsqu'ils ne sont pas réclamés dans le délai d'une année et de six semaines.

Le droit de varech n'est point applicable aux objets échoués, et le sauvetage est fait au profit des propriétaires connus, ou qu'on parviendrait à connaître.

Il y a dans chaque district un préposé exclusivement chargé du sauvetage, qui choisit les personnes qui doivent l'aider. Il lui est assigné, ainsi qu'à ses aides, un prix fixé pour le sauvetage.

Tous les riverains sont tenus d'informer le préposé à l'échouage du danger que court un bâtiment, ainsi que de la nature des objets jetés sur le rivage dont ils auraient connaissance.

Tout individu sans distinction est autorisé à sauver les choses que les eaux pourraient emporter sans un prompt secours; mais, hors ce cas, personne ne peut se livrer au sauvetage sans un pouvoir spécial; il n'est même permis de se trouver au rivage qu'à ceux que leurs fonctions ou la loi y appellent.

Aussitôt qu'un bâtiment en danger, ou qui a échoué, a mis le pavillon en berne; qu'il a suspendu dans la nuit une lanterne ou donné le signal d'incommodité, les préposés aux échouages sont tenus de lui porter des secours.

Lorsque le capitaine ou le pilote se trouve à bord, on doit suivre son avis pour le sauvetage ou le déchargement ; mais, en cas d'abandon du navire, le préposé à l'échouage donne les soins au sauvetage.

Sur l'avis des préposés aux échouages, le magistrat fait placer sur le rivage, aux frais de la masse, une patrouille pour la sûreté des objets sauvés.

L'officier de justice doit aussi être appelé pour concourir à diriger l'opération du sauvetage.

Il doit être fait un inventaire des marchandises et autres objets provenant du sauvetage.

Le bailli en chef doit procéder sur les lieux à l'examen détaillé des causes de l'échouage.

Le patron du navire, ou le fondé de pouvoirs des propriétaires des objets échoués, peuvent traiter avec les administrateurs du prix du sauvetage ; mais le patron peut obtenir l'extradition des objets sauvés, en présentant ses connaissements et charte-partie.

Chaque échouage de navire est publié à trois reprises dans les gazettes danoises de Hambourg et d'Altona, et aux Bourses de Copenhague et de Hambourg.

Si, après douze semaines, les objets sauvés ne sont pas réclamés, il est procédé publiquement à leur vente.

A défaut de réclamation dans l'année et six semaines, le produit de la vente appartient au fisc.

Lorsque les officiers de justice prennent part aux affaires d'échouage, il leur est alloué 2 p. % du montant des choses échouées, mais ces 2 p. % ne peuvent excéder cent écus ; une pareille indemnité est accordée au bailli en chef ou premier magistrat, et aux employés en finances.

L'extradition des objets sauvés peut avoir lieu en vertu d'ordres des tribunaux supérieurs, moyennant la remise au greffe du prix du sauvetage et des frais, et moyennant un cautionnement.

Lorsque, parmi les biens sauvés, il ne s'est point trouvé d'hommes vivants, le prix du sauvetage doit être de la moitié de la valeur des choses sauvées, si elles ont été pêchées ou trouvées en pleine mer. Cette moitié appartient à celui qui a sauvé, et l'autre moitié au propriétaire. Si les objets ont été jetés, trouvés ou pêchés sur le lieu de l'échouage, celui qui a sauvé ne reçoit que le tiers, et le propriétaire les deux autres tiers.

Mais s'il existe encore des hommes vivants près du navire naufragé ou échoué, le sauvetage est réglé par le magistrat, ayant égard aux peines et dangers qui y étaient attachés. Dans aucun cas le sauvetage ne doit excéder le tiers de la valeur du chargement sauvé.

La soustraction et l'enlèvement des objets échoués et sauvés sont punis comme vol et recèlement, d'après la rigueur des lois.

Si quelqu'un maltraitait ou pillait les naufragés, s'il les trompait ou abusait de leur ignorance de la langue du pays pour les dépouiller, ce serait un motif pour augmenter la peine, et toute convention faite dans de pareilles circonstances serait nulle. S'il y a plusieurs coupables du même délit, ils en sont solidairement responsables.

La loi sévit encore davantage contre celui qui aurait refusé ou différé les secours demandés par les patrons en danger, ou par les préposés aux échouages. (*Ordonnance du roi de Danemarck, en date du* 30 *décembre* 1803.)

SUÈDE.

En Suède, tout capitaine échoué a soixante heures pour relever et dégager son navire, par son propre équipage ; passé ce temps, si ses efforts ont été vains, il est tenu, sous peine d'une amende de 100 rixdaliers, de requérir les secours des préposés de la compagnie. Il en est de même toutes les fois qu'il est nécessaire de décharger tout ou partie de la cargaison.

En faisant leur déclaration aux douanes les plus prochaines, les navires entrés dans un port ou havre, par voie d'eau, et forcés au déchargement de leur cargaison pour se mettre en état de continuer leur route ne sont pas soumis aux droits de sauvetage.

Des navires suédois naufragés, mais dont le déchargement de la cargaison n'est pas nécessaire, et qui néanmoins ont réclamé l'assistance de la compagnie de sauvetage, paient 6 p. 0/0 sur l'estimation de la valeur du navire et de la cargaison.

Si tout ou partie de la cargaison est déchargé, alors le droit est de 8 p. 0/0.

Dans l'un et l'autre des cas ci-dessus, les navires étrangers paient 10 p. 0/0 sur l'estimation ; cependant les marchandises amenées par ces derniers et assurées dans le royaume, jouissent des mêmes avantages que les marchandises amenées par navires suédois.

Pour tous navires suédois, marchandises et propriétés suédoises, pêchés et retirés du fond de l'eau, il est payé 20 p. 0/0 ;

Pour les navires étrangers, les propriétés et cargaisons étrangères dans le cas précité, il est payé 25 p. 0/0. Si cependant l'assurance en a été faite dans le royaume de Suède, il n'est payé que 20 p. 0/0.

Les marchandises de peu de valeur, comme bois, pierres à bâtir, ardoises, chaux, craie, sel et grains, avariées par l'eau et pêchées, ne paient, ainsi que pour l'estimation du navire, que 15 p. 0/0.

En cas de lésion ou de secours négligés, tous capitaines et propriétaires ont droit de porter leurs plaintes à l'intendant de province ou au chargé par la compagnie de sauvetage, pour avoir la satisfaction que le cas exige.

RUSSIE.

En Russie, lorsqu'un bâtiment marchand a perdu son ancre, ou que sa cargaison a coulé à fond dans le lit de la Newa, le propriétaire, le capitaine du bâtiment, ou celui qui en a le commandement, est tenu de se présenter aussitôt à bord du navire de garde sur la Newa, d'y déclarer sa perte, et s'il sait lire et écrire, de l'inscrire dans le journal du navire : dans le cas où il ne serait pas en état de le faire, le commandant du navire de garde inscrirait sa déclaration en sa présence, et il y apposerait sa signature ou cachet.

Si la perte d'une ancre ou des marchandises qui sont de nature à cou-

19

ler à fond, a lieu dans la mer au-delà de l'embouchure du fleuve, entre Cronstadt et Saint-Pétersbourg, la déclaration doit être faite sur le navire de garde de Cronstadt ou sur celui de la Newa, selon que l'un ou l'autre est plus à portée.

Après l'inscription d'un pareil accident dans son journal, le commandant du navire de garde est tenu de délivrer à celui qui a fait la déclaration un certificat signé de lui et portant un numéro attestant qui a fait la déposition et quand elle a été faite.

En même temps, les commandants prennent les mesures nécessaires pour marquer l'endroit où l'ancre ou la cargaison a été perdue, et pour les dispositions ultérieures, ils s'en réfèrent aux capitaines des ports. Le commandant du navire de garde de Pétersbourg doit s'adresser, en outre, à l'intendant-général.

Si le bâtiment fait naufrage ou coule à fond en mer, et que l'équipage parvienne à gagner le rivage, le plus ancien de l'équipage doit en faire par écrit la déclaration à l'autorité locale, qui la communique au collége de l'amirauté ou au port militaire le plus proche.

Chaque fois qu'il n'y a pas eu d'homme de garde sur le pont, il est perçu une amende de 4 roubles, c'est-à-dire, le double de celle encourue par l'homme de garde d'après le réglement de la navigation marchande de 1781.

Lorsqu'une ancre ou quelque autre objet dont la perte n'a pas été déclarée, est retirée de l'eau par les soins du gouvernement, non seulement l'objet trouvé est reversible à la couronne; mais encore, si l'on découvre le bâtiment qui a fait la perte, le capitaine paie une amende égale au prix d'estimation de l'objet perdu. Si le capitaine n'est pas en état de payer ou que le bâtiment soit déjà parti, l'amende tombe sur le propriétaire du bâtiment.

De même, en cas de naufrage, lorsqu'il n'en a pas été fait déclaration, le bâtiment est confisqué au profit de la couronne et son propriétaire paie en outre le dixième de sa valeur à titre d'amende.

Ces réglements sont applicables aux propriétaires de bâtiments dans tous les ports russes. (*Ukase du* 19 *avril* 1827.)

MECKLEMBOURG-SCHWERIN.

Il est conféré aux autorités des bailliages du duché de Mecklembourg-Schwerin sur les côtes de la Baltique, le droit de disposer des épaves proprement dites; c'est-à-dire de tout ce qui, à l'exception des naufrages où quelque individu de l'équipage se trouve encore sur le navire, est, en fait de bâtiment, ustensiles de navire, marchandises de toute espèce, poussé sur la côte ou dans les rivières; de même, de tous les objets qui, étant abandonnés par le capitaine et l'équipage, sont trouvés flottants ou submergés sur les bancs de sable environnant les côtes.

En conséquence, tous ceux qui ont découvert et sauvé de pareils objets sont tenus d'en faire la déclaration aux autorités compétentes et d'en effectuer la remise entre leurs mains.

Quiconque n'a pas déclaré un objet découvert et sauvé par lui, s'en est emparé ou en a fait usage à son profit, est coupable de soustraction. Mais si quelque individu profite de la détresse des naufragés pour soustraire quelque objet du sinistre, cet acte est qualifié de vol, considéré et traité comme tel. Sont de même punis plus exemplairement tous les délits commis envers les naufragés pendant l'échouement. (*Ordonnance du grand-duc, en date du* **20** *décembre* **1834.**)

MODÈLES.

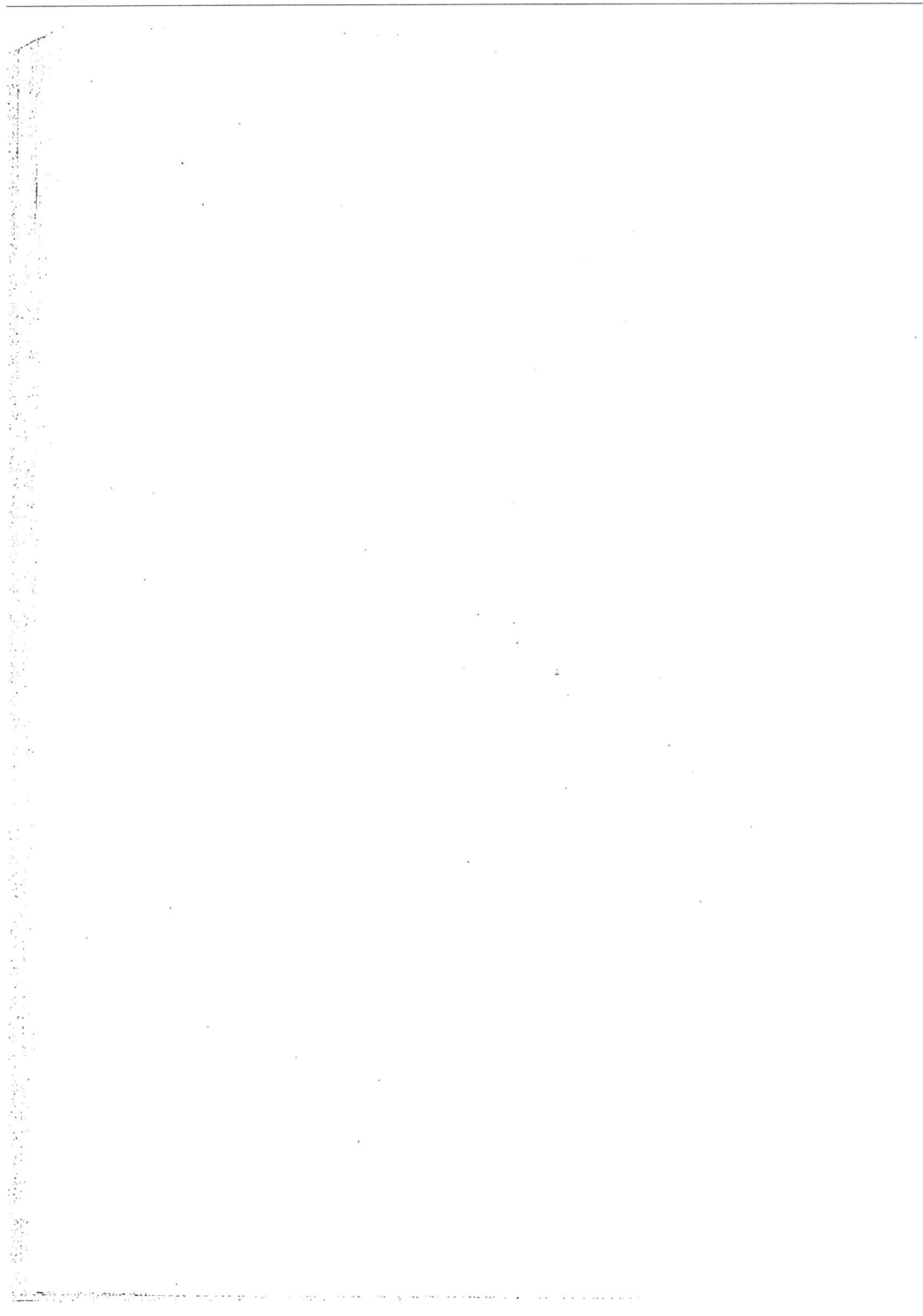

MARINE.

N° 1.

ÉPAVES.

PROCÈS-VERBAL de reconnaissance d'épave.

Cejourd'hui ..., à ... heures du ..., devant nous, syndic des gens de mer à ..., s'est présenté le sieur N..., capitaine du chasse-marée *la Rosalie,* lequel nous a déclaré que le ..., étant en pleine mer et à ... myriamètres environ de ..., il a aperçu un objet qui allait au gré des flots, qu'il a fait aussitôt les dispositions nécessaires pour l'atteindre, que l'ayant reconnu pour être une futaille, il l'a sauvée et déposée à terre sous la surveillance de la douane, à son arrivée à ...

Sur cette déclaration, nous nous sommes transporté audit lieu de..., distant de ... kilomètres de notre résidence, et là, assisté de M. ..., receveur de la douane de ..., nous avons reconnu que la futaille sauvée contenait ... litres de vin blanc de crû français, mêlé d'eau de mer, et qu'elle portait sur son fond les marques **MP** à la rouanne. Nous l'avons fait mettre dans une voiture et transporter en magasin à ..., où elle restera en dépôt sous la double clef de l'administration de la marine et de la douane.

En foi de quoi, nous avons signé le présent, après lecture avec **M.** le receveur de la douane et le comparant.

A ..., les jour, mois et an que dessus.

Signature du receveur des douanes,   *Signature du syndic,*

Signature du déclarant,

Vu et enregistré au bureau central
de l'inscription (*ou au contrôle*).

[marginal note:] Sauvetage d'une barrique de vin trouvée en pleine mer.

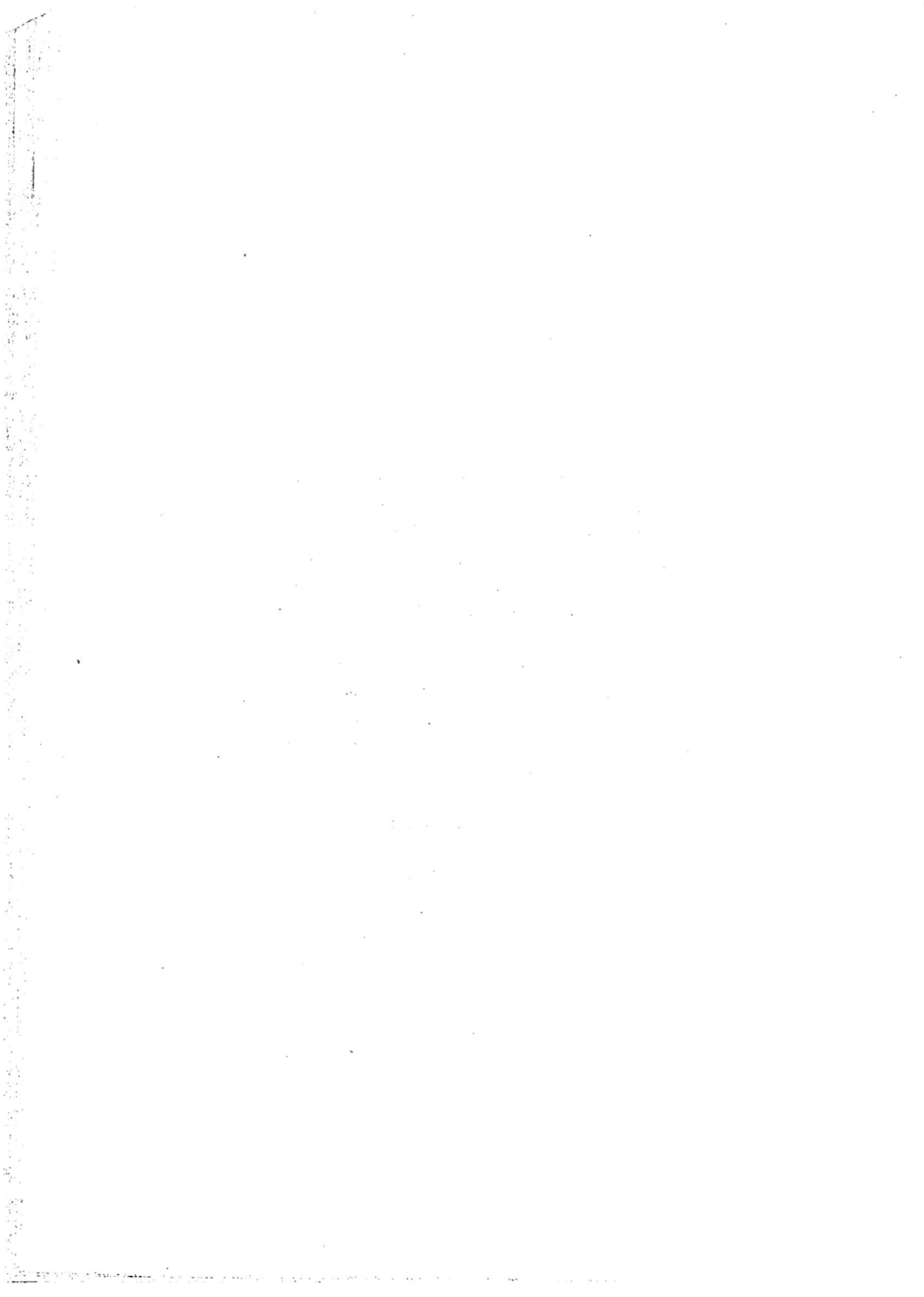

MARINE.

N° 2.

ÉPAVES.

NOTA. *Les opérations de sau-vetage des bâtiments échoués avec bris, variant suivant les circonstances, on ne peut tracer à l'avance la forme du procès-verbal à dresser. Les énonciations essentielles que cet acte doit contenir sont indiquées aux art. 38, 71, 73 et 215. Ce qui tient à la rédaction est laissé à MM. les commissaires de l'ins-cription.*

PROCÈS-VERBAL *de reconnaissance d'épave.*

CEJOURD'HUI . . . , à . . . heures après midi, devant nous, syndic des gens de mer à . . . , s'est présenté le N^é . . . , lequel nous a déclaré que ce jour étant sur la côte d . . . , il a aperçu parmi les rochers une pièce de bois que la mer y avait jetée, et qu'après l'avoir atteinte, aidé des N^és . . . , il l'a mise en lieu de sûreté, sous la surveillance des employés de la douane au poste de . . .

Sauvetage d'une pièce de bois venue isolément au rivage.

Sur cette déclaration, nous nous sommes rendu audit lieu (distance de . . . kilomètres), où accompagné de M. . . . , receveur des douanes, nous avons reconnu que la pièce de bois sauvée était une pièce de bois de chêne, piquée des vers, portant les marques FG et mesurant 8^m de longueur sur 0^m 45^c d'équarrissage.

En foi de quoi, nous avons signé le présent avec M. le receveur des douanes, après lecture faite au déclarant, qui a dit ne savoir signer.

A . . . , les jour, mois et an que dessus.

Signature du receveur de la douane,   *Signature du syndic,*

Vu et enregistré au bureau central
de l'inscription (*ou au contrôle*).

MARINE.

AVIS DE SAUVETAGE.

Une embarcation non pontée, trouvée en pleine mer, a été conduite au port de

Elle a les dimensions suivantes :

Longueur de tête en tête. . . . . 7 m. 50 cent.

Largeur au maître bau. . . . . 1 » 80 »

Creux au milieu . . . . 0 » 70 »

Elle a 4 bancs et un tillac, elle est peinte en vert à l'extérieur et en noir à l'intérieur. Sans gouvernail.

Dans cette embarcation se trouvent un mât de 4 m. 90 c. et deux avirons marqués **PF** :

Lorient, le   184 .

Le commissaire de l'inscription maritime,

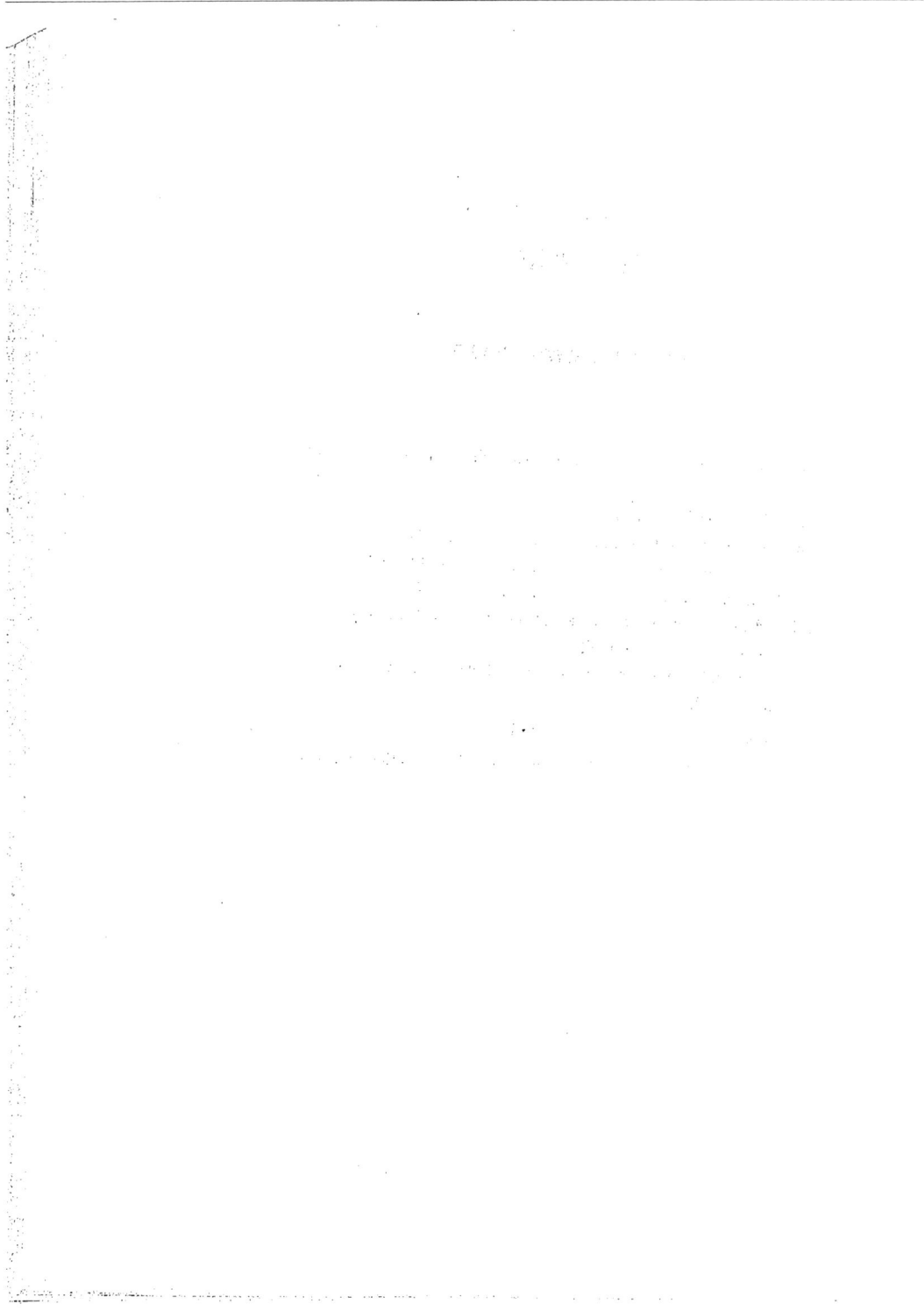

MARINE.

BRIS ET NAUFRAGES.

Le   mai mil huit cent   à dix heures du matin, il sera procédé, par le commissaire de l'inscription maritime de en présence de M. le receveur des douanes et avec l'autorisation de M. le commissaire-général de la marine, à la vente et adjudication au plus offrant et dernier enchérisseur, du navire et des effets ci-après ;

SAVOIR :   *Nature des droits.*

(Désigner ici les dimensions du bâtiment
ou la nature des marchandises.)

5 p. 0/0.

5 p. 0/0.

prohibé.

Le bâtiment et les marchandises seront vendus dans l'état où ils se trouveront à la livraison, sans que les acquéreurs puissent, sous quelque prétexte que ce soit prétendre aucune diminution du prix de leur adjudication, attendu la faculté accordée de tout examiner avant la vente.

Les adjudicataires seront tenus de payer les droits de douane ;

De prendre livraison dès le jour ou le lendemain de la vente et au plus tard dans les trois jours qui suivront, à peine, ce temps écoulé, de voir revendre à leur folle enchère ;

De faire faire à leurs frais les réparations des futailles et l'enlèvement des marchandises ;

Enfin de payer, avant la livraison, le montant de leur adjudication entre les mains du trésorier des invalides.

A   le   184

Le commissaire de l'inscription,

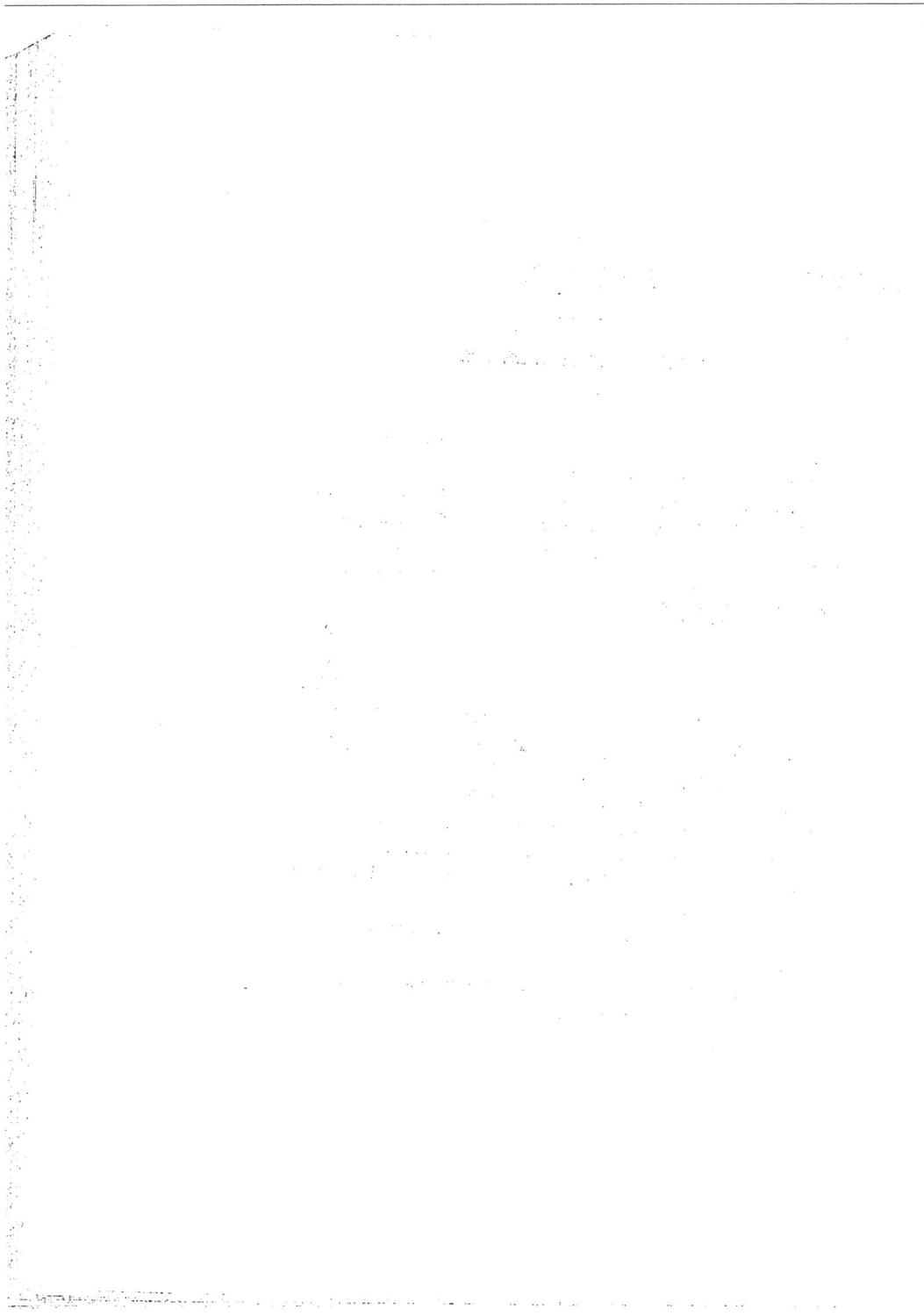

MARINE.

N° 5.

BRIS ET NAUFRAGES.

PROCÈS-VERBAL de vente d'épaves.

CEJOURD'HUI . . ., à :   heures du matin,,

Nous, syndic des gens de mer à . . . ,

Vu l'urgence et en vertu de l'autorisation de M. le commissaire-général de la marine, à nous transmise par M. le commissaire de l'inscription maritime à . . . , après affiches apposées et publications faites au chef-lieu de notre résidence et dans les communes circonvoisines, avons, en présence de M. le receveur des douanes de . . . , fait mettre à prix les objets ci-dessous indiqués, provenant de bris et naufrages, lesquels, après diverses criées, ont été adjugés aux personnes ci-après comme les plus offrants et derniers enchérisseurs, les droits de douane demeurant à leur charge.

SAVOIR :	Montant de la vente.	Droit de douane.
1ᵉʳ *Lot.* Une vergue de navire en sapin du Nord, ayant 11,650ᵐᵐ de longueur sur 0,660ᵐᵐ de circonférence au milieu (n° 45 du livre des sauvetages), adjugée à M. . . ., pour la somme de quinze francs cinquante centimes, ci.	15 50	0 90
2ᵉ *Lot.* Un madrier de sapin du Nord, piqué des vers,		
A reporter	15 50	0 90

	Montant de la vente.	Droit de douane.
Report	15 50	0 90
ayant 3ᵐ 84ᶜ de longueur sur 0ᵐ 20ᶜ d'équarrissage (n° 48 du livre des sauvetages), adjugé à **M**. . . ., pour la somme de trois francs, ci	3 »	0 10
Total dix-huit francs cinquante centimes, ci.	18 50	1 »

Fait et clos à . . ., les jour, mois et an que dessus.

Signature du receveur de la douane,   *Signature du syndic*,

Enregistré à . . ., le . . ., fᵒ . . ., n° . . ., case . . ., reçu 1 fr. 10 c.

Vu et enregistré au bureau central
de l'inscription (*ou au bureau
chargé du contrôle*).

ÉTAT

de propositions de gratifications.

21

Quartier d

N° 6.

ÉTAT *de proposition de gratifications pour fait de sauvetage, dressé en*

NOMS des SAUVETEURS.	DÉSIGNATION des OBJETS SAUVÉS.	PRODUIT de LA VENTE.	GRATIFICATIONS proposées en faveur DES SAUVETEURS.	MOTIFS DES du Co DE L'IN

MA

roi, du 17 juillet 1816, art. 26, et de la circulaire ministérielle du 25 mai 1821.

AVIS du COMMISSAIRE-GÉNÉRAL.	DÉCISIONS du PRÉFET MARITIME.

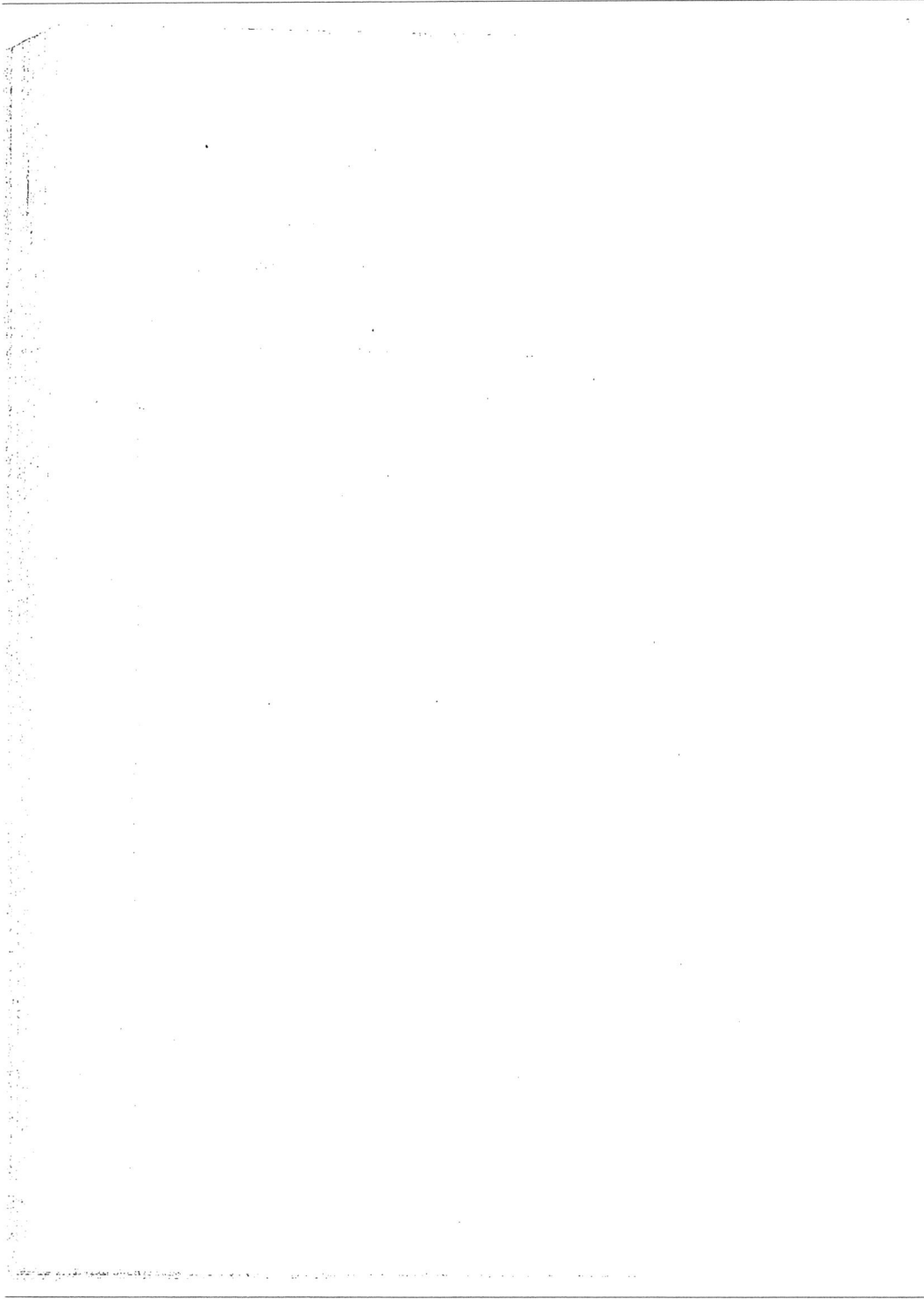

MARINE.

DEMANDE EN MAINLEVÉE

de

BORDEREAU DES PIÈCES A L'APPUI.

21*

DÉSIGNATION DES OBJETS.	MARQUES.	AVIS DU COMMISSAIRE DE L'INSCRIPT

AVIS	DÉCISION
LE COMMISSAIRE-GÉNÉRAL DE LA MARINE.	DE M. LE PRÉFET MARITIME.

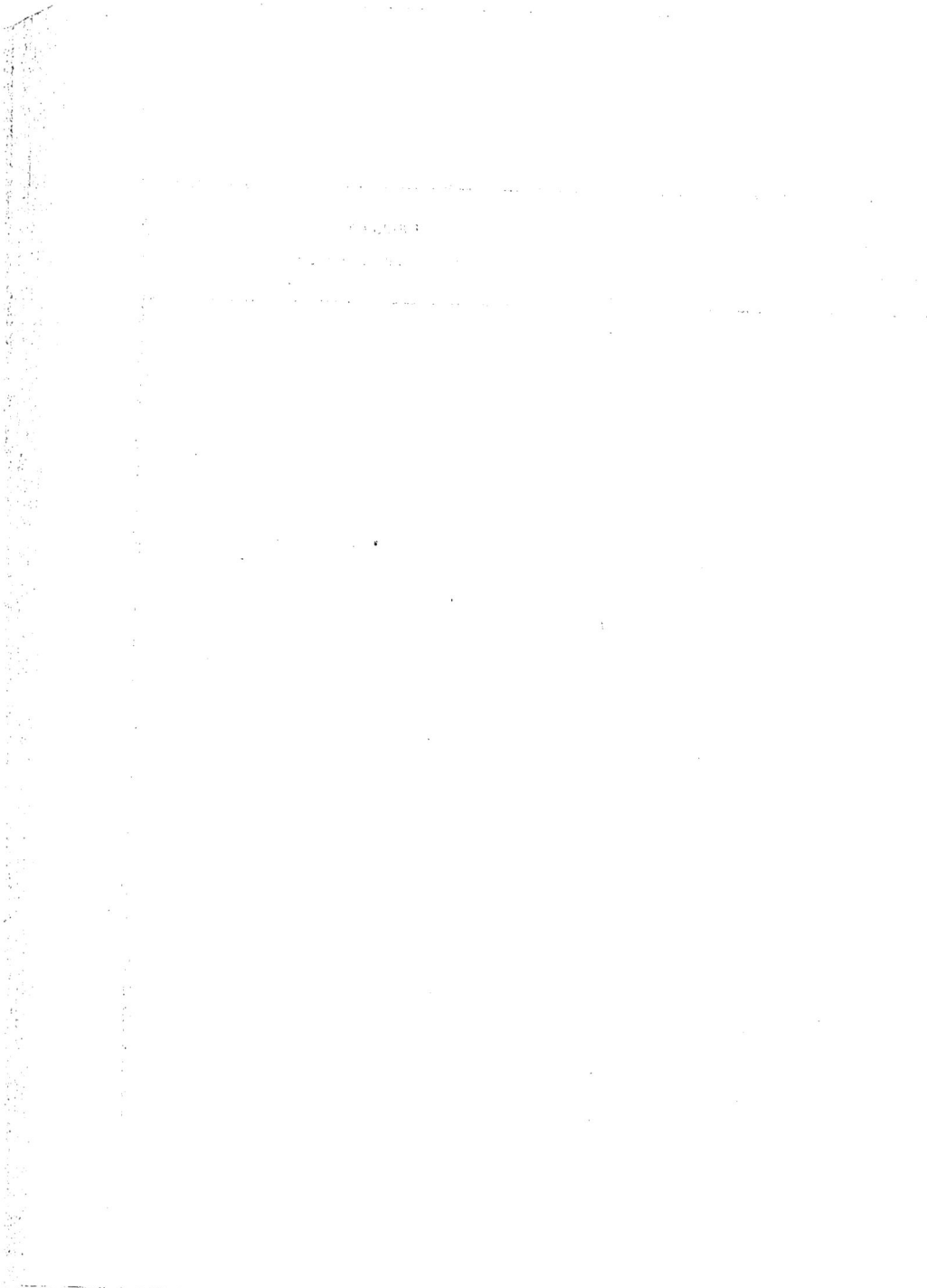

DIRECTION
ES FONDS ET INVALIDES.

PRISES,
BRIS ET NAUFRAGES.

N° 8.

MARINE.

SOUS-ARRONDISSEMENT
d

ANNÉE 184 .

SEMESTRE.

ÉTAT

Des Naufrages et des Épaves déclarés dans les ports du Sous-Arrondissement d
pendant le   Semestre de l'année 184   .

Nota. Le présent état doit être envoyé tous les six mois au ministre,
  savoir :
Par MM. les commissaires-généraux des cinq grands ports, pour le
  sous-arrondissement de leur ressort ;
Et par MM. les chefs de service, pour les quartiers de leur sous-arrondissement.

22

| QUARTIERS. | NUMÉRO d'ordre. | DATES | | NOMS | | nationalité. | PORTS | |
		des NAUFRAGES ou de la déclaration des épaves.	de l'avis donné à M. le commissaire général.	des BATIMENTS naufragés.	des CAPITAINES		de DÉPART.	de destination.

DATES des VENTES.	PRODUITS		DATE		OBSERVATIONS et RENSEIGNEMENTS DIVERS.
	BRUTS.	NETS.	de LA REMISE aux propriétaires.	du VERSEMENT dans la caisse des invalides.	
					NOTA. *Ce modèle est commun à l'État des naufrages et épaves déclarés et au Registre des sauvetages.*

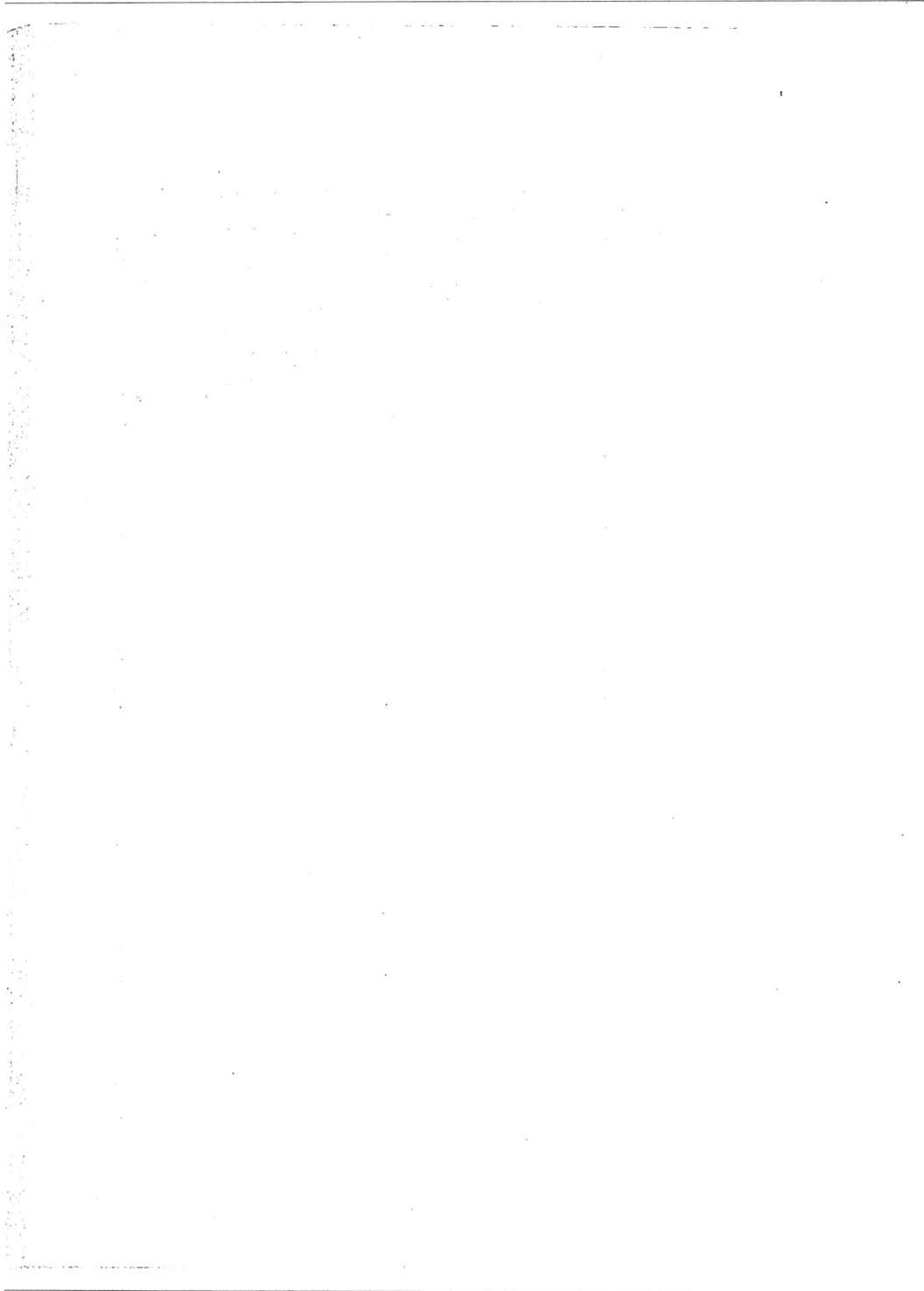

MARINE.

BRIS ET NAUFRAGÈS.

—

LIQUIDATION du sauvetage du navire l'*ALEXANDRE*, capitaine...
naufragé (*ou échoué*) le... (*ou dans la nuit du*), sur la côte de...,
à... myriamètres du chef-lieu du quartier, ledit navire parti de...
le... à la destination de... avec un chargement de...

SAVOIR : Objets sauvés remis ou à remettre aux propriétaires ou fondés de pouvoirs.	Estimation des objets sauvés.	
Navire, la coque du navire avec tout ou partie du gréement.............................	8500	»
150 balles de coton.............................	41000	»
100 barriques vin rouge........................	20000	»
50 pipes eau-de-vie.............................	25000	»
8 boucauts sucre brut	5250	»
	99750	»

RECETTE.

	Navire.		Cargaison.		Total.	
Produit de divers débris, tels que parties de gréement, embarcations brisées, etc., suivant procès-verbal de vente du..., et état de remise à la caisse des gens de mer, en date du... n°...............	680	»	»	»	680	»
A reporter.....	680	»	»	»	680	»

23

	Navire.	Cargaison.	Total.
Report	680 »	» »	680 »
Produit de divers autres débris provenant du même navire et recueillis sur différents points de la côte, suivant procès-verbal de vente du . . . et état de remise du . . . n°	227 40	» »	227 40
Produit de 48 balles de coton avariées, suivant procès-verbal de vente du . . ., et état de remise du . . ., n°	» »	9845 17	9845 17
Versement opéré par le sieur . . . pour frais de sauvetage applicables audit navire, suivant état de remise à la caisse des gens de mer, en date du . . ., n°	202 95	» »	202 95
Total des recettes	1110 35	9845 17	10955 52

DÉPENSE.

ART. 1er.

(a) *Les états de journées doivent autant que possible indiquer séparément les journées applicables au navire et celles applicables à la cargaison ; mais, lorsque cette distinction n'a pas été faite, c'est au commissaire de l'inscription à l'établir sur la somme totale, d'après les travaux exécutés, et, dans ce cas, l'arrêté de l'état doit en faire mention.*

Journées d'ouvriers (a):

	Navire		Cargaison		Total	
A 40 ouvriers, pour 250 journées employées tant au dégréement du navire qu'à son déchargement, à 2 f. par jour, suivant état n° 1 ci-joint	80	»	420	»	500	»
A 20 ouvriers, pour 100 journées employées tant au chargement des voitures (*ou bateaux*) de transport qu'à l'introduction des mar-						
A reporter	80	»	420	»	500	»

	Navire.	Cargaison.	Total.
Report.....	80 »	420 »	500 »
chandises dans les magasins, à 2 f. l'une, suivant état n° 2 ci–joint..	» »	200 »	200 »
A 12 ouvriers, pour 60 journées employées dans les magasins à l'arrangement des lots et à la livraison des marchandises vendues et réclamées, à 2 f. l'une, suivant état n° 3 ci-joint..................	» »	120 »	120 »
A André, Paul, maître de manœuvre, chargé de diriger les opérations relatives au dégréement du navire, pour 5 journées à 3 f. l'une, suivant état n° 4 ci–joint.......	15 »	» »	15 »
A Pascal, Joseph, conducteur des travaux et dirigeant le déchargement des marchandises, pour 7 journées à 3 f..................	» »	21 »	21 »
Total de l'art. 1ᵉʳ....	95 »	761 »	856 »

ART. 2.

Frais de transport (b).

cmeobservation qu'a
, les états de journées
de transport doivent
minatifs et contenir
ls nécessaires.

A 25 voitures attelées ensemble de 60 chevaux et ayant été employées pendant 75 journées, pour le transport des marchandises et du gréement du lieu du naufrage aux magasins, à 15 f. par jour et par voiture, suivant état n° 5 ci–joint.	125 »	1000 »	1125 »
A reporter.....	125 »	1000 »	1125 »

	Navire.	Cargaison.	Total.
Report....	125 »	1000 »	1125 »
A 2 bateliers, pour loyer de leurs bateaux armés de 5 hommes, employés chacun pendant 4 jours, au déchargement et au transport à terre du gréement et des marchandises, à 15 f. par jour, suivant état n° 6 ci-joint	20 »	100 »	120 »
Total de l'art. 2....	145 »	1100 »	1245 »

Art. 3.

Loyer de magasins.

Au sieur Bertrand, pour loyer de 2 magasins occupés depuis le... jusqu'au... suivant état n° 7, ci-joint.....................	12 »	112 »	124 »
Au sieur... pour un *idem* du... au... suivant état n° 8 ci-joint..	» »	56 »	56 »
Total de l'art. 3.......	12 »	168 »	180 »

Art. 4.

Frais de surveillance (c).

(c) *La répartition des frais entre le navire et la cargaison se fait en raison de la valeur des objets sauvés, de l'un et de l'autre, lorsque d'ailleurs on n'a pu en faire l'application spéciale.*

A 2 gendarmes de la marine, employés sur la côte à la garde des effets sauvés, pour 8 journées à 1 f. 50 c. l'une, suivant dépêche du 12 février 1810 et état n° 9 ci-joint.	3 »	9 »	12 »
A 6 préposés des douanes de la			
A reporter....	3 »	9 »	12 »

	Navire.	Cargaison.	Total.
Report....	3 »	9 »	12 »
résidence de... distance de... du lieu du naufrage, employés à la garde des objets sauvés, pour 36 journées à 1 f. 50 c. l'une, suivant dépêche du 12 février 1810 et l'état nominatif n° 10 ci-joint.....	9 »	45 »	54 »
Au contrôleur de brigade, remplaçant l'inspecteur des douanes, pour conduite d'aller et de retour de sa résidence au lieu du naufrage, distance de 2 myriamètres, à 2 f. 50 c. l'un, suivant arrêté du 29 pluviose an ix et décret du 20 floréal an xiii, état n° 11 ci-joint...	3 »	7 »	10 »
Au même, pour 5 vacations pendant les journées des 5, 6, 7, 8 et 9 employées à surveiller les préposés occupés au sauvetage et au gardiennage, à 4 f. l'une, suivant *idem* et même état...........	4 »	16 »	20 »
A 2 marins employés au gardiennage des objets sauvés, pour 3 jours et 3 nuits, à raison de 1 f. 50 c. par jour et 2 f. par nuit, suivant état n° 12 ci-joint...........	3 »	9 »	12 »
Total de l'art. 4.......	22 »	86 »	108 »

ART. 5.

Frais d'expertise.

A 2 officiers visiteurs, chargés

	Navire.		Cargaison.		Total.	
de constater l'état du navire et la possibilité du renflouement, ensemble 4 vacations, à 6 f. l'une, suivant état n° 13 ci-joint............	24	»	»	»	24	»
A 2 experts en marchandises, chargés de constater l'état des objets avariés, ensemble 8 vacations, à 6 f. l'une, suivant état n° 14 ci-joint.....................	»	»	48	»	48	»
Total de l'art. 5......	24	»	48	»	72	»

ART. 6.

Frais de nourriture et de logement, salaires et conduite à l'équipage (d)............

(d) *Bien entendu qu'il n'est dû de frais de nourriture aux marins de l'équipage, qu'autant qu'ils ne sont pas employés comme travailleurs et pendant le temps qu'on est forcé de les retenir.*

	Navire.		Cargaison.		Total.	
Au sieur..., aubergiste à..., pour logement, chauffage et nourriture du capitaine et de 10 hommes de l'équipage du... au..., suivant mémoire n° 15 ci-joint.....	65	»	»	»	65	»
A M..., officier de santé, pour ses peines et soins, et médicaments par lui fournis, pour le nommé Né.., blessé lors du naufrage, suivant mémoire n° 16 ci-joint........	24	»	»	»	24	»
Au sieur..., pour avoir transporté avec sa voiture, du bord de la mer à..., le Né... blessé lors du naufrage, prix convenu	6	»	»	»	6	»
A reporter....	95	»	»	»	95	»

	Navire.	Cargaison.	Total.
Report....	95 »	» »	95 »
Aux capitaines et marins de l'équipage, pour parfait paiement de solde jusqu'au jour du naufrage, suivant le rôle de désarmement...	475 »	» »	475 »
Aux mêmes, pour frais de conduite (ou de passage), de... à..., suivant état n° 17 ci-joint.......	165 25	» »	165 25
Total de l'art. 6.......	735 25	» »	735 25

Art. 7.

Frais d'administration.

	Navire.	Cargaison.	Total.
A M..., sous-commissaire de l'inscription maritime, chargé de la direction du naufrage, pour conduite de... au lieu du naufrage où il s'est rendu le 5... et revenu le 10, distance de 2 myriamètres, faisant ensemble aller et retour, à 4 f. l'un, suivant arrêté du 29 pluviose an IX et état n° 18 ci-joint......	3 »	13 »	16 »
Au même, 5 vacations pendant les journées des 5, 6, 7, 8 et 9, employées à diriger le sauvetage, le transport et l'emmagasinement des objets sauvés, à 7 f. l'une, suivant même état................	7 »	28 »	35 »
Au sieur..., receveur des douanes, pour conduite de... à... où il			
A reporter....	10 »	41 »	51 »

	Navire.	Cargaison.	Total.
Report....	10 »	41 »	51 »
s'est rendu pour la vente, distance de 2 myriamètres, à 4 f. l'un, suivant arrêté du 29 pluviose an IX et état n° 19 ci-joint............	3 »	13 »	16 »
Au même, pour vacations, pendant les journées des 7, 8 et 9, employées à la vente et à la livraison des marchandises, suivant le même état......................	4 »	17 »	21 »
Total de l'art. 7.......	17 »	71 »	88 »

ART. 8.

Frais de vente, papier timbré, enregistrement, traductions, etc.

Au sieur..., imprimeur, pour impression des affiches de vente, suivant mémoire n° 20 ci-joint...	1 »	4 »	5 »
A..., pour publication et criées des ventes, suivant état n° 21 ci-joint....................	2 »	4 »	6 »
Au trésorier des invalides, pour remboursement de 6 feuilles de papier timbré pour les procès-verbaux, suivant état n° 22 ci-joint......	1 50	3 »	4 50
Au même, pour remboursement des droits d'enregistrements desdits procès-verbaux, suivant même état......................	2 10	4 20	6 30
A reporter....	6 60	15 20	21 80

	Navire.	Cargaison.	Total.
Report....	6 60	15 20	21 80
Au sieur N..., écrivain, pour les expéditions des procès-verbaux destinées tant pour l'administration des douanes que pour le tribunal de commerce et pour les copies récla-mées par les propriétaires, suivant état n° 23 ci-joint...........	5 »	25 »	30 »
Au sieur..., interprète, pour traduction des pièces de bord, suivant mémoire n° 24..........	5 »	20 »	25 »
Au même, pour 2 vacations à l'audition du capitaine et de l'équi-page, suivant même état.......	12 »	» »	12 »
Total de l'art. 8.......	28 60	60 20	88 80

Art. 9.

Frais divers.

	Navire.	Cargaison.	Total.
Au nommé N..., pour s'être rendu du lieu du naufrage à..., afin d'en prévenir le commissaire de l'inscription, aller et retour......	1 50	4 50	6 »
Au sieur N..., marchand, pour fourniture de clous, cercles, fil à voile, etc., pour réparation des bar-riques, balles, etc., suivant mé-moire n° 25 ci-joint..........	» »	25 »	25 »
A N..., patron du bateau, pour avaries éprouvées par ledit bateau			
A reporter....	1 50	29 50	31 »

	Navire.	Cargaison.	Total.
Report....	1 50	29 50	31 »
employé au sauvetage, suivant état d'estimation n° 26 ci-joint......	» »	25 »	25 »
Aux pilotes D... et C..., pour pilotage du navire renfloué et son entrée dans le port, suivant état n° 27 ci-joint................	30 »	» »	30 »
Total de l'art. 9.......	31 50	54 50	86 »

RÉCAPITULATION DES DÉPENSES.

	Navire.	Cargaison.	Total.
ART. 1er. Journées d'ouvriers....	95 »	761 »	856 »
2. Frais de transport.....	145 »	1100 »	1245 »
3. Loyer de magasin.....	12 »	168 »	180 »
4. Frais de surveillance....	22 »	86 »	108 »
5. Frais d'expertise......	24 »	48 »	72 »
6. Frais de nourriture, logement, etc.......	735 25	» »	735 25
7. Frais d'administration..	17 »	71 »	88 »
8. Frais de vente, etc....	28 60	60 20	88 80
9. Frais divers.........	31 50	54 50	86 »
Totaux.........	1110 35	2348 70	3459 05

BALANCE.

	Navire.	Cargaison.	Total.
Recettes..................	1110 35	9845 17	10955 52
Dépenses................	1110 35	2348 70	3459 05
Excédant { de recettes........	» »	7496 47	7496 47
{ de dépenses....... ..	» »	» »	» »

ARRÊTÉ par nous sous-commissaire de marine, chargé de l'inscription maritime à   , la présente liquidation de laquelle il résulte un excé-

dant de recette de *sept mille quatre cent quatre-vingt-seize francs qua-*
rante-sept centimes sur le produit des objets vendus appartenant à la
cargaison, laquelle somme de 7,496 f. 47 c. restera déposée à la caisse
des gens de mer, à la conservation des droits des parties intéressées (*a*).

A   le   184

Vu et vérifié
au bureau central de l'inscription
(*ou au bureau chargé du contrôle*).

    Le sous-commissaire :

Vu par le commissaire-général
de la marine,

(*a*) Dans le cas où il y aurait un excédant sur le navire et sur la cargaison, l'arrêté serait for-
mulé de la manière suivante :

« La présente liquidation de laquelle il résulte un excédant de recette de. . . . sur le produit
« des objets vendus appartenant au navire, un excédant de . . . sur le produit des marchandises
« de la cargaison, et sur le tout un excédant de . . . etc.

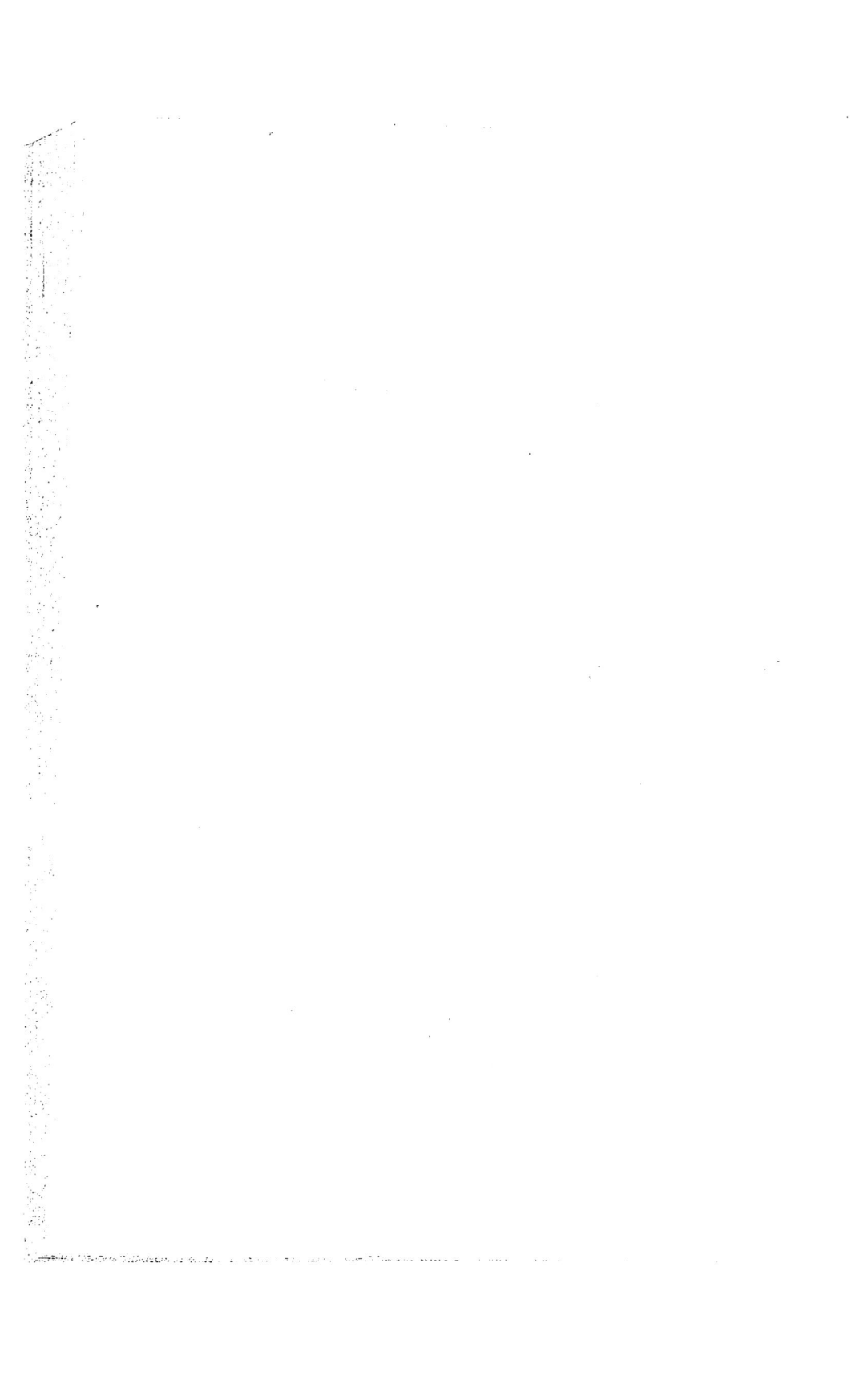

MARINE.

LE NAVIRE
l'Alexandre.

BRIS ET NAUFRAGES.

N° 10.

ÉTAT de répartition entre les divers intéressés des frais incombant à la cargaison du navire l'Alexandre, *dans la liquidation en date du*

OBJETS SAUVÉS POUR CHAQUE INTÉRESSÉ.	VALEUR suivant estimation ou d'après les procès-verbaux de vente.	PART contributive des frais.
Pour M. N...		
150 balles de coton............	41000 »	1055 31
Pour M. V...		
100 barriques vin rouge.........	20000 »	514 78
Pour M. R...		
50 pipes eau-de-vie............	25000 »	} 778 61
8 boucauts sucre brut	5250 »	
	91250 »	2348 70

A   le   184

Le commissaire de l'inscription maritime,

Vu et vérifié
au bureau central de l'inscription
(ou au bureau chargé du contrôle).

*Vu par le commissaire-général
de la marine,*

MARINE.

N° 11.

BRIS ET NAUFRAGES.

TITRE

*de la concession faite au sieur ..., d'une entreprise de sauvetage,
en vertu de la déclaration royale du 15 juin 1735.*

ART. 1ᵉʳ.

Suivant procès-verbal en date du   dressé par
       et déposé à   le sieur
s'est rendu adjudicataire du sauvetage de (*indiquer ici dans le plus
grand détail le nom, le tonnage, la nature du chargement des bâtiments
sur lesquels on doit opérer, l'époque et le lieu précis du naufrage, et,
dans le cas où les propriétaires auraient encouru la déchéance, la date
de la décision qui l'aurait prononcée.*)

ART. 2.

Il est en conséquence autorisé à procéder aux fouilles et travaux nécessaires pour effectuer le relèvement et le sauvement du corps du bâtiment ci-dessus désigné, de sa cargaison et de ses débris.

ART. 3.

Ces opérations ne pourront être étendues au-delà des limites déterminées.

ART. 4.

L'adjudicataire ne pourra passer aucun sous-traité pour tout ou partie
du travail de sauvetage concédé par le présent acte. Il devra procéder à
ce travail par lui-même, ou par des subordonnés agissant pour son
compte.

Art. 5.

Au fur et à mesure des relèvements, les effets sauvés qui, par leur nature, seraient susceptibles d'être mis en lieu de sûreté, seront déposés sur inventaire dans des magasins, sous la surveillance commune de la douane, de l'administration de la marine et de l'adjudicataire.

Art. 6.

Il sera remis, chaque fois qu'il y aura lieu, au commissaire de l'inscription maritime ou au syndic des gens de mer, une note exacte et détaillée des objets sauvés, énonçant le lieu du dépôt, et une semblable à l'administration de la douane, envers laquelle, d'ailleurs, l'adjudicataire devra remplir les formalités d'usage en pareil cas.

Il est entendu qu'aux termes de l'art. 4 de la déclaration du 15 juin 1735, l'administration de la marine aura la facilité de placer, s'il y a lieu, un de ses agents à bord des bâtiments employés aux travaux de sauvetage.

Art. 7.

Tous les objets tirés du fond de la mer et sauvés par suite du présent acte, appartiendront en toute propriété à l'adjudicataire, à l'exception toutefois de... p. 0/0 de leur valeur, qui seront dévolus à la caisse des invalides de la marine, conformément à la soumission souscrite par le sieur... et d'après laquelle l'adjudication a été prononcée en sa faveur.

Art. 8.

La valeur des objets sauvés sera déterminée par (*une expertise contradictoire ou une vente publique, selon ce qui aura été convenu.*)

L'administration de la marine se réserve toutefois de mettre en préhension, mais à prix débattu, ceux desdits objets qu'elle reconnaîtra propres au service de l'État, et, dans le cas de vente publique, elle pourra s'appliquer, si elle le juge convenable, le résultat de l'adjudication.

Les droits de la douane seront à la charge de chacune des parties prenantes, pour la part des objets sauvés qui lui appartiendra.

Art. 9.

La part revenant à l'entrepreneur, dans le produit des effets préhendés pour le service de l'État, lui sera payée des fonds du département de la marine.

Art. 10.

Les frais d'achat, d'entretien et de réparation des appareils et machines qui seront mis en mouvement, ainsi que les journées des marins et manœuvres qui seront employés par l'adjudicataire, seront en totalité à son compte.

Art. 11.

En ce qui concerne les formalités, pour le dépôt en magasin, pour la vente et la liquidation des objets sauvés, on se conformera à ce qui est prescrit par les réglements de la marine en matière de bris et naufrages, avec cette différence qu'il sera passé sans délai à la vente desdits objets comme n'étant pas susceptibles d'être réclamés.

Art. 12.

Si les travaux spécialement autorisés par la présente concession amènent le sauvetage de quelques objets qui lui soient évidemment étrangers, ces objets seront considérés comme rentrant sous l'application de l'ordonnance de 1681, et le sieur... aura droit au tiers de leur valeur.

Art. 13.

La durée de la présente concession est fixée à.... à partir du.... jusqu'au....

Art. 14.

Par application de l'art. 2 de la déclaration royale du 15 juin 1735, l'adjudicataire devra commencer ses opérations dans un délai de six mois.

Art. 15.

En garantie des engagements qu'il contracte, le sieur... est tenu de verser, dans la caisse des invalides de la marine, une somme de (500 *fr.* à 2000 *fr., selon l'importance des entreprises.*)

En cas de contravention dûment constatée aux stipulations du présent traité, il pourra être statué par le ministre, le conseil d'administration du port entendu, sur la confiscation de tout ou partie dudit cautionnement.

La moitié en serait acquise de plein droit à l'établissement des invalides de la marine, si les travaux n'étaient pas commencés le....

Art. 16.

L'administration de la marine s'engage envers l'adjudicataire à n'accorder, jusqu'à l'expiration des... stipulés à l'art. 13, aucune concession ou concurrence pour travailler au sauvetage de...

Les dispositions du paragraphe précédent ne porteront aucune atteinte à la faculté laissée aux pilotes et aux pêcheurs, par l'ordonnance du mois d'août 1681, de draguer sur les côtes, en se conformant, pour les objets qu'ils peuvent trouver, à ce que prescrit cette ordonnance.

Toutefois, afin d'assurer à l'adjudicataire les avantages qui lui sont concédés par le présent traité, et de garantir en même temps l'exécution de l'ordonnance de 1681, il demeure convenu :

1° Que l'adjudicataire pourra se livrer exclusivement à ses opérations de sauvetage dans le rayon d'une encablure autour du point sur lequel il aura établi ses travailleurs ;

2° Que cet entrepreneur sera autorisé à signaler les limites précises de l'emplacement desdites opérations, en plaçant des bouées sur divers points du rayon indiqué ;

3° Que les pilotes, pêcheurs, et autres seront prévenus qu'ils ne pourront draguer ni opérer aucun sauvetage dans l'intérieur de ces limites.

Art. 17.

Dans le cas de contestations, l'adjudicataire s'engage à se soumettre à la décision de M. le ministre de la marine, qui pourra même, selon la gravité du cas, résilier le traité.

Art. 18.

Les frais de timbre et d'expédition du présent traité sont à la charge du sieur... qui supportera également les frais d'enregistrement et tous autres auxquels cette concession pourrait donner lieu.

Fait triple à　　　　　le

MARINE.

N° 12.

BRIS ET NAUFRAGES.

CAHIER DES CHARGES,

*Clauses et conditions auxquelles pourra avoir lieu, en vertu de la dé-
claration royale du 15 juin 1735, la concession du sauvetage
d . . .*

(On indiquera ici, autant que possible, le nom, le tonnage, la nature du
chargement du bâtiment sur lequel on doit opérer, l'acte qui constate la renonciation des propriétaires ou qui prononce leur déchéance.)

NOTA. *Cette recommandation ne s'applique pas aux naufrages d'une date reculée, il suffira,
quant à cette espèce, de faire connaître que, d'après l'avis du conseil d'administration, il n'y avait
plus lieu de rechercher et d'avertir les propriétaires.*

ART. 1er.

Le sauvetage désigné ci—dessus devra s'effectuer aux charges, clauses
et conditions contenues dans le traité spécial dont le projet est ci—annexé,
et qui sera souscrit, aussitôt après l'adjudication, par l'entrepreneur au
profit de qui elle aura été prononcée.

ART. 2.

L'adjudication sera faite au chef—lieu du quartier d

Elle aura lieu publiquement le　　　　à　　　heures　　　sur
soumissions cachetées, qui seront ouvertes par le commissaire de l'ins—
cription maritime.

ART. 3.

La concurrence s'établira, d'une part sur la portion que l'on proposerait d'attribuer à l'établissement des invalides de la marine dans les produits de l'entreprise; d'autre part, sur le délai dans lequel l'opération,
sauf les circonstances de force majeure, devrait être conduite à sa fin.

Les offres devront, en conséquence, être précises sur ces deux points.

ART. 4.

Dans le cas où aucune des soumissions n'offrirait de porter la part des marins invalides à 20 p. 0/0 au moins des valeurs sauvées, l'adjudication ne pourra être faite sans qu'il en soit référé au préfet maritime.

Art. 5.

Les concurrents remettront directement, en séance publique, leurs soumissions cachetées au commissaire de l'inscription maritime.

Les soumissionnaires qui ne voudraient pas se déplacer, ni envoyer leurs soumissions à des correspondants, pourront les adresser au commissaire de l'inscription maritime, qui les déposera sur le bureau en ouvrant la séance.

Aucune soumission ne pourra plus être admise ni retirée, à dater du moment où aura commencé l'ouverture de celles qui auront été remises.

Les soumissions seront lues à haute voix ; celles qui contiendraient des clauses restrictives ou exceptionnelles seront écartées et considérées comme non avenues.

Art. 6.

De nouvelles offres pourront être reçues, dans les dix jours qui suivront l'adjudication, pourvu qu'elles attribuent à la caisse des invalides une part supérieure de 5 p. 0/0 à celle qui résulterait de l'adjudication.

Toute proposition de cette nature donnera lieu à une réadjudication faite à huis clos, et à laquelle prendront part seulement l'adjudicataire primitif et les nouveaux soumissionnaires.

Les enchères ne pourront être moindres de 1 p. 0/0.

Aucune offre faite par écrit ne pourra être retirée.

Art. 7.

S'il se trouve, lors de l'adjudication, deux ou plusieurs soumissions semblables au taux le plus élevé, il sera procédé, séance tenante, et seulement entre les signataires desdites soumissions, à une adjudication à l'enchère et à l'extinction des feux.

Fait à   le

Le commissaire de l'inscription maritime.

Vu par le commissaire-général
de la marine.

N° 13.

SOUMISSION.

Je soussigné ... demeurant à ... département d ... me sou-
mets et m'engage envers **M.** le commissaire de l'inscription maritime,
à ... stipulant au nom de **M.** le ministre de la marine, à entreprendre
le sauvetage d .... pour le poursuivre et le terminer, sauf les circonstances de force majeure, dans un délai de ..., aux charges, clauses et
conditions contenues dans le cahier des charges arrêté à ..., le ...,
et dans le projet de traité y annexé, dont j'ai pris connaissance.

Et ce, en prenant à mon compte les frais et risques de l'opération, et
en attribuant à la caisse des invalides de la marine ... pour cent de la
valeur ou du produit des objets qui seront sauvés par suite de la concession qui me sera faite, si l'adjudication est prononcée en ma faveur.

Fait à ... le ...

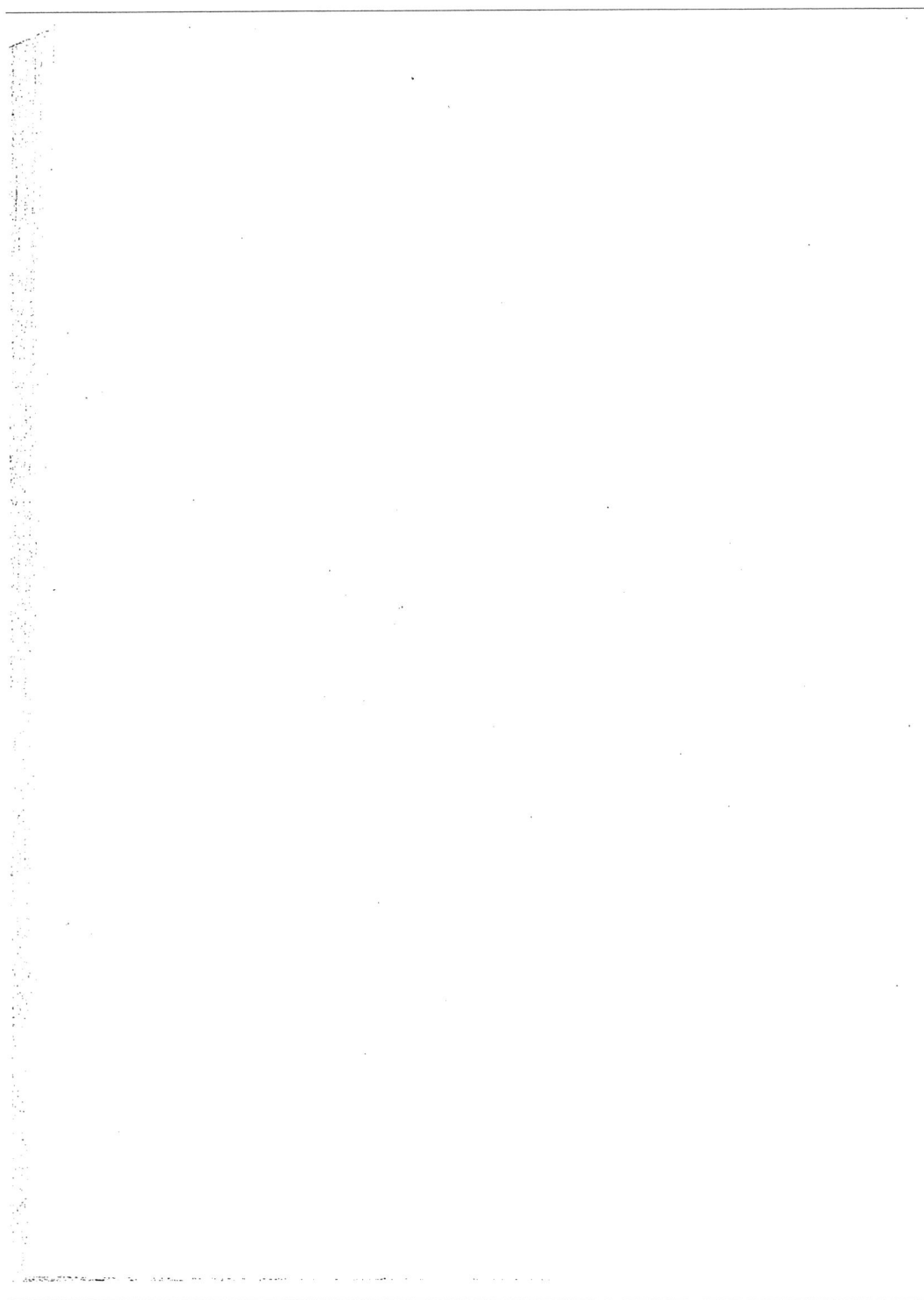

CONSULAT

MARINE ET COLONIES.

EXERCICE 18

e TRIMESTRE.

N° 14.

ETAT PRÉSENTANT *le produit de la coque, agrès et apparaux du navire*
l   du port d   Capitaine
naufragé à   ensemble le prix du fret sur les
Marchandises sauvées ;

SAVOIR :

que le produit des débris du bâtiment,
le le prix du fret sur les marchandi-
auvées, sont insuffisants pour couvrir
s du sinistre, et qu'ainsi l'excédant
nse retombe à la charge de l'Etat, les
produisent à l'appui de leurs comp-
tat rédigé dans cette forme.

DÉSIGNATION ET NOMBRE des objets.	LIEU et date DE LA VENTE.	PRODUIT		OBSERVATIONS.
		en monnaie du pays.	en argent de France.	
	Nota. Rapporter les pro-cès-verbaux de vente.			
TAL des objets dépen—ants du bâtiment....	. . . .			
déduire pour journées ouvriers employés au auvetage et autres dé—enses y relatives (*détail—r ces dépenses.*)....	. . . .			
Reste net.......	. . . .			
et sur les marchandises auvées (*désigner lesdites marchandises et leur quo—té.*).............	. . . .			
TAL du fret acquis ...	. . . .			

RÉCAPITULATION.

	PRIX	
	en monnaie du pays.	en argent de France.
Produit net des débris.........................		
Idem du fret............................		
TOTAL		

DÉPENSES *faites pour la subsistance et le rapatriement des naufragés ;*
SAVOIR :

DÉSIGNATION DES OBJETS et MOTIFS DE LA DÉPENSE.	PRIX		OBSERVATIO
	en monnaie du pays.	en argent de France.	
			Rapporter les réc des diverses fournitu
TOTAL............			
A déduire le montant du produit net des débris du navire, ensemble le prix du fret des marchandises sauvées................................. .			
Reste à la charge du département de la marine.... Laquelle somme, devant être réputée *dépense* de la marine, doit être forcée des 3 p. 0/0 à l'infini.			
Ce qui l'élève en définitive à....................			

Certifié par nous, Consul de France à   *le présent état*
montant à la somme de

A   *le*   18

e TRIMESTRE 18

(1) Désigner la légation ou le consulat.

ÉTAT *des sommes distribuées et des fournitures faites par les soins de* (1)   *pendant le*   trimestre 18   *aux militaires ci-après*

de France à

dénommés :

N° 15.

CORPS auxquels les militaires appartiennent.	NOMS et PRÉNOMS.	GRADES.	LIEUX		DÉTAIL des secours accordés (2) en		MONTANT de la dépense au compte de l'État pour chaque militaire.	AVANCES faites aux officiers, sauf imputation sur leur solde à leur retour en France.		OBSERVATIONS. (3)
			d'où part le militaire.	ou il se rend.	argent, vivres.	vêtements.		Sommes.	Dates.	
					TOTAUX.........					
					ENSEMBLE					

Certifié par nous   le présent état   montant à la somme de

A   *le*   18

(2) Indiquer le nombre de jours que l'allocation en argent ou la fourniture de vivres embrasse, et la nature des effets avec les dates de leur distribution.

(3) Relater avec soin, dans la colonne d'observations, l'événement par suite duquel le militaire se trouve à l'étranger, et sa position avant cet événement.

26

TABLE

ALPHABÉTIQUE ET RAISONNÉE

DES MATIÈRES.

B

BALEINES-ÉPAVES.

Droit des sauveteurs, 315, 316.—Cas où le sauvetage doit en être déclaré, 317.
—Droits de douane, 320.—Mesures à prendre quand elles échouent sur le rivage,
321.

BANLIEUE.

Ses limites, 188.

BATIMENTS COULÉS.

Relevés par leurs propriétaires, 340, 344. — Par voie d'entreprise, 346 à 380.

BATIMENTS PIRATES.

Sont de bonne prise, 11, 17, 45.

BATIMENTS DE L'ÉTAT.

Règles particulières à ces bâtiments, 246 à 249, 408, 409.

BATIMENTS ENNEMIS.

Ne sont pas susceptibles de restitution, 10. — Leurs équipages doivent être arrêtés, 44. — Le produit de leur vente est déposé à la caisse des gens de mer, 127.

BÉNÉFICIEMENT.

Est fait par les soins du capitaine dans les échouements sans bris, 14. — Le
commissaire de l'inscription en dirige les opérations dans les échouements avec
bris, 81.—Intervention des réclamateurs, 82. — Qui assiste à ces opérations, 83.

BIJOUX.

TROUVÉS DANS UN NAUFRAGE, dépôt, 70. — Vente, 93, 108.

TROUVÉS SUR DES CADAVRES, dépôt, 327. — Vente, 331.

BILLETS DE BANQUE.

TROUVÉS DANS UN NAUFRAGE, dépôt, 70. — Réalisation, 93.

TROUVÉS SUR DES CADAVRES, dépôt, 327. — Réalisation, 331.

BOIS DE CONSTRUCTION.

Ceux dont les propriétaires sont inconnus peuvent être préhendés pour le service, 86.—Ceux qui appartiennent à l'État sont remis sur-le-champ, 263. — Indemnité pour le sauvetage de ces derniers, 274.

BOISSONS.

Transport, 66.—Expertise, 170.

BOUCHES A FEU.

Celles qui proviennent de la flotte ne peuvent être vendues, 308.—Indemnité de
sauvetage, 309, 311, 312, 313.

BOUTEILLES FERMÉES.

Recueillies à la côte, 262.

C

E

H

HARDES.

(Voir effets d'habillement.)

I

INDEMNITÉS.

Aux sauveteurs, pour objets recueillis sur la grève, 272.—Pour sauvetages à vue de terre, 273, 274.—Pour sauvetages hors de vue de terre, 275, 277.—Pour objets retirés du fond de la mer, 276, 301 à 303, 309 à 313.—Pour les objets du crû de la mer, 315, 316, 318.

Aux officiers et surnuméraires des bâtiments de l'État, 249.

Aux témoins appelés devant les tribunaux, 465.

De séjour aux experts, 199.

De route. (Voir frais de conduite.)

De présence aux gendarmes et aux simples préposés des douanes, 190.

Pour avis de naufrage, 215.

INFRACTIONS.

Procès-verbal à en dresser, 456.

INHUMATION.

Des cadavres, 328.

INNAVIGABILITÉ DES NAVIRES NAUFRAGÉS.

Doit être constatée avant la vente, 106.

INTÉRESSÉS DANS LES NAUFRAGES.

Peuvent diriger le sauvetage lorsqu'ils le réclament, 30, 393.—En quel cas ils ont droit de requérir les voituriers et mariniers, 50.—Ils assistent aux opérations de bénéficiement, 83.

INTERPRÈTES.

(Voir courtiers interprètes.)

INTERVENTION.

De l'administration de la marine dans les naufrages, 2, 22.

De la douane dans les sauvetages, 23.

Des consuls étrangers, dans le sauvetage des bâtiments de leur nation, 35, 75, 148.

Des consuls français dans les naufrages en pays étrangers, 381 à 437.

Des intéressés dans les naufrages, 30, 393.

INVALIDES.

(Voir caisse des invalides.)

INVENTAIRES.

Par qui établis, 68, 391.—Signés, 73, 391.—La douane peut en réclamer une expédition, 73.

J

JUGEMENTS.

L'administration n'est pas chargée d'en poursuivre directement l'exécution, 463.

JUGES-DE-PAIX.

A défaut de tribunal de commerce, ils nomment les experts, 81, *note*, 106, 221.
—Font la levée des cadavres trouvés sur les grèves, 324.

JUSTIFICATIONS.

A faire pour obtenir la remise des objets sauvés, 134 à 146.

L

LÉGALISATION.

Celle des pièces justificatives des réclamations peut être exigée, 160.

LEVÉE DES CADAVRES.

Par qui faite, 324.

LIQUIDATION DES FRAIS.

Par qui établies, 218, 246, 406.—Comment, 219 à 223, 406.—Sont soumises au contrôle, 225.—Adressées au ministre, 226, 227, 294.—Ne sont exécutoires qu'après son approbation, 226.—Doivent être notifiées aux parties, 228.—Il en est donné copie aux réclamateurs, 230.

LIQUIDES.

Leur transport, 66.—Expertise locale en certains cas, pour en vérifier l'origine 170.

LOTS.

Comment établis, 103.

M

MAGASIN DE DÉPOT.

Peut être pris d'autorité, 64.—Ne doit pas appartenir au commissaire de l'inscription, 65.—Est ouvert aux employés des contributions indirectes lorsqu'il renferme des liquides, 67.—Est fermé à 2 clefs, 79.—Est ouvert avant la vente, 102.

MAGASINS DE SAUVETAGE.

Le gouvernement peut en établir où il le juge utile, 79, *note*.

MAINLEVÉE.

(Voir restitution et revendication.)

MAIRES.

N'interviennent pas dans la gestion des sauvetages, 24.

262.—Les propositions d'indemnités pour sauvetages à vue de terre sont soumises à son approbation, 283.—Juge les contestations entre sauveteurs lorsque les bâtiments de l'État ont concouru au sauvetage, 293.—Les liquidations sont soumises à son approbation, 226.

MISES A LA COTE.

Direction des opérations de sauvetage, 22 à 37.—Sauvetage, 38 à 78.— Manutention des objets sauvés, 79 à 132.—Revendication, 133 à 166. — Liquidation des frais, 217 à 241.

MONNAIES FRANÇAISES.

Sont déposées dans la caisse des gens de mer, 70.—Recherches des propriétaires, 89.

MONNAIES ÉTRANGÈRES.

Trouvées dans les naufrages, 70, 89, 108.
Trouvées sur des cadavres, 327.

N

NAUFRAGES.

Sur les côtes de France, 21 à 249.—Absolus, 338 à 380.—En pays étrangers, 381 à 410.

NAUFRAGÉS.

Sont sous la protection du Roi, 1.—Secours à leur accorder, 200, 425.

NAVIRES ABANDONNÉS EN PLEINE MER.

Indemnité à laquelle les sauveteurs ont droit, 275.

NAVIRES NAUFRAGÉS.

Sont sous la sauvegarde du Roi, 1.—Soins à leur donner après le sauvetage, 84.—Cas où ils peuvent être vendus, 88.—Formalités préalables, 106.—Cas où les navires étrangers peuvent être francisés, 112.—Justifications à faire pour obtenir mainlevée, 137.

NOTIFICATION DES LIQUIDATIONS.

A faire aux parties intéressées, 228.

NOYÉS.

(Voir cadavres et secours à donner aux noyés.)

O

OBJETS RETIRÉS DU FOND DE LA MER.

Déclaration de sauvetage, 252.—Reconnaissance, 255.—Dépôt, 256. — Revendication, 265.—Droit des sauveteurs, 276.

OBJETS SAUVÉS DU NAUFRAGE.

Dépôt et conservation, 52, 53, 61, 70, 79 à 95.—Vente, 87, 88, 93, 96 à 132.—Remise, 150, 151, 154, 155, 263.—Justification à faire pour l'obtenir, 134 à 146.—Les objets peuvent être retenus jusqu'à l'entier paiement des frais, 153.

THONS-ÉPAVES.

Droit des sauveteurs, 315, 316.—Cas où le sauvetage doit en être déclaré, 317.

TIMBRE.

Sont rédigés sur timbre : Les inventaires et récolements d'inventaires, 69.—Les procès-verbaux de sauvetage, 72.—Les procès-verbaux de vente, 118, 337.

TITRES.

(Voir pièces justificatives.)

TRAITES.

(Voir effets de portefeuille.)

TRAITÉS.

Pour le sauvetage par entreprise des bâtiments et marchandises submergés, ils sont établis par le commissaire de l'inscription maritime, 346, 351. — Soumis au commissaire-général et présentés à l'approbation du conseil d'administration du port, 351.

TRANSPORT.

Des objets sauvés, 61, 66.

TRAVAILLEURS.

Ont droit à un salaire, 19, 183.—Peuvent être pris parmi les préposés de la douane, 42.—Peuvent se pourvoir au conseil-d'État contre les décisions administratives, 185.

TRÉSORIERS DES INVALIDES.

Présentent à l'acceptation et au paiement les effets de portefeuille, 90.—Assistent aux ventes de bijoux et monnaies étrangères, 108.—Reçoivent sans déplacement le montant des ventes, 130.—Rétribution qui leur est allouée sur les dépôts faits à la caisse des gens de mer, 161 à 166.

TRIBUNAUX DE COMMERCE.

Nomment les experts appelés à constater l'innavigabilité des navires naufragés, 88, 106.—Et à estimer les marchandises sauvées, 221. — Juge les contestations entre réclamants, 236.—Entre sauveteurs, 293.

TRUCHEMENTS.

Qui en remplit les fonctions, 76.

V

VACATIONS.

Allouées aux agents de la marine et de la douane, 188 à 198.—Ne sont pas dues pour le relèvement d'objets de peu d'importance, 271.

VEAUX MARINS-ÉPAVES.

Droit des sauveteurs, 315, 316.—Cas où le sauvetage doit en être déclaré, 317.

VENTES

D'EFFETS D'HABILLEMENTS de marins noyés, 335 à 337.

DE NAVIRES ET EFFETS SAUVÉS. Immédiates, 88, 275, 400, 401. — Après un mois

TABLE CHRONOLOGIQUE

DES

Lois, ordonnances, décrets, réglements, instructions, dépêches ministé-rielles et autres documents cités dans le Code des Bris, Naufrages et Échouements.

DATES.	TITRES des lois, ordonnances, réglements, etc.	NUMÉROS des articles où ils sont cités.
Août 1681.	Ordonnance.	1, 4, 5, 6, 16, 30, 34, 38, 40, 44, 45, 48, 49, 54, 60, 61, 62, 68, 73, 75, 87, 88, 105, 134, 136, 137, 142, 217, 252, 272, 273, 275, 276, 297, 299, 303, 311, 314, 315, 316, 317, 323, 324, 325, 329, 332.
21 septembre 1716. ,	Réglement.	303 (*note*).
5 septembre 1718.!. .	Ordonnance.	11.
Juillet 1720.	Édit.	78.
15 juin 1735.	Déclaration du Roi.	340, 341.
23 août 1739	Réglement.	85.
10 janvier 1770. . . .	Déclaration du Roi.	30, 32, 40, 49, 59, 60, 61, 65, 68, 73, 74, 84, 88, 150, 183, 215, 234, 240.
1 novembre 1784. . .	Réglement.	248, 420.
16-24 août 1790. . . .	Loi.	185 (*note*).
5-19 décembre 1790. .	Loi.	463.
28 et 30 avril — 13 mai 1791	Loi.	9.
22-28 juillet 1791. . .	Décret.	100.
6-22 août 1791.. . . .	Décret. . . . . , .	23, 52, 59, 63, 73, 81, 83, 107, 111, 113, 125, 154, 255 à 258, 457, 460.
9-13 août 1791. . . .	Décret.	18, 35, 71, 87, 183, 239, 456.
1 mars 1793	Décret. . . . . , .	113.(*note*).
27 vendémiaire an II.	Décret.	112.
4 germinal an II. . .	Décret.	113 (*note*).
13 fructidor an V. . .	Loi.	116.
9 vendémiaire an VI.	Loi.	100.
26 nivose an VI. . . .	Loi.	277.
13 brumaire an VII. .	Loi.	72,

29

DATES.	TÍTRES des lois, ordonnances, réglements, etc.	NUMÉROS des articles où ils sont cités.
22 frimaire an VII . .	Loi..........................	119.
22 pluviose an VII. .	Loi..........................	117, 119.
6 prairial an VII. . .	Loi..........................	72, 119.
27 thermidor an VII..	Arrêté du directoire.........	3, 10, 48, 458, 459.
6 germinal an VIII. .	Arrêté consulaire............	17.
19 germinal an VIII..	Circulaire (invalides)........	337.
29 pluviose an IX. . .	Arrêté consulaire............	188, 194.
27 ventose an IX... .	Loi..........................	119, 122.
17 floréal an IX . . .	Arrêté consulaire............	2, 3, 22, 28, 29, 30, 96 (note), 161, 218, 238, 467.
29 floréal an X. . .	Loi..........................	179, 180.
14 prairial an X. . . .	Circulaire de l'administration des douanes.............	180.
17 nivose an XI. . . .	Circulaire du ministre de la marine (prises)............	122
14 ventose an XI.. .	Arrêté consulaire............	12.
2 prairial an XI . . .	Arrêté consulaire............	10, 11.
10 ventose an XII. . .	Tarif.......................	274.
5 germinal an XII. .	Arrêté consulaire............	77, 202, 204, 205, 422.
17 nivose an XIII. . .	Circulaire (invalides)........	30, 138, 140.
27 ventose an XIII...	Dépêche (invalides)..........	183.
20 floréal an XIII. . .	Décret impérial..............	188, 190, 191, 197, 271.
14 thermidor an XIII.	Dépêche (invalides)..........	329.
17 février 1806. . . .	Circulaire (invalides)........	23, 42, 190.
26 mai 1806.	Circulaire (invalides)........	73, 182.
18 juillet 1806. . . .	Avis du conseil d'Etat.......	167.
12 décembre 1806..	Décret......................	295, 296, 297, 300 à 302.
16 février 1807. . .	Décret......................	199.
10 mars 1807. . . .	Décret......................	25.
24 août 1807. . . .	Circulaire (invalides)........	168.
16 septembre 1807. .	Loi.........................	79 (note).
13 juin 1808	Circulaire (invalides)........	188, 191, 192, 226.
28 juin 1808	Décision du ministre des finances...................	69.
26 décembre 1808..	Circulaire (invalides et prises).	98.
7 août 1809.	Circulaire (prises)..........	118, 119.
4 décembre 1809. . .	Circulaire (invalides)........	188.
5 février 1810 . . .	Décision du ministre de la marine...................	190.
12 février 1810. . . .	Circulaire (invalides)........	190, 192.
5 juillet 1810. . . .	Circulaire..................	38 (note).
30 octobre 1810 . . .	Lettre du ministre des finances.	119.
18 juin 1811	Décret.....................	329.
18 juin 1811	Réglement..................	465.

DATES.	TITRES des lois, ordonnances, réglements, etc.	NUMÉROS des articles où ils sont cités.
30 novembre 1811. .	Décret......................	110.
17 avril 1812. . . .	Décret......................	126.
27 juillet 1812. . . .	Lettre de l'administration des douanes.................	253.
20 janvier 1813. . . .	Décision du conseil des prises.	183.
15 février 1813. . .	Instruction...................	157.
7 avril 1813.	Décret......................	465.
10 mai 1813	Circulaire (prises)...........	67.
29 juillet 1813. . . .	Lettre de l'administration des douanes.................	23.
6 décembre 1813. . .	Circulaire (invalides)........	127 (note).
9 juillet 1814.	Circulaire (police de la navigation).....................	475.
1er octobre 1814 . . .	Instruction..................	87, 388, 391, 393, 408, 410.
23 janvier 1815. . . .	Circulaire du ministre des finances....................	179.
19 mai 1815	Lettre de l'administration des douanes.................	168, 169, 254.
22 février 1816. . . .	Tarif	274.
28 avril 1816.	Loi	66, 179.
22 mai 1816..	Ordonnance	462.
17 juillet 1816	Réglement	10, 29, 79, 85, 86, 127, 128, 131, 132, 149, 151, 161, 162, 237, 251, 255, 263, 273, 275, 283, 334, 335, 405.
29 octobre 1816 . . .	Circulaire (ports et invalides).	35, 36.
9 juin 1817.	Circulaire (police de la navigation)	475.
23 août 1817	Circulaire (invalides)	335, 336.
31 décembre 1817. .	Dépêche (police de la navigation)	459.
9 février 1818	Circulaire (prises)	290, 460.
24 février 1818. . . .	Circulaire (police de la navigation)	35.
6 avril 1818.	Circulaire (police de la navigation)	36, 198.
21 avril 1818. . . .	Loi	114, 115, 119, 155, 172, 178.
25 mai 1818.	Circulaire (police de la navigation).	35.
18 juin 1818	Décision de l'administration des douanes	178.
19 septembre 1818. .	Circulaire (prises)	135.

DATES.	TITRES des lois, ordonnances, réglements, etc.	NUMÉROS des articles où ils sont cités.
28 décembre 1818 . .	Circulaire (prises)	461.
15 mai 1819 . . , . .	Circulaire (prises)	466.
19 novembre 1819. .	Circulaire (colonies et consulats)	205.
15 janvier 1820. . . .	Circulaire (invalides).	261.
8 février 1820. . . .	Circulaire (artillerie).	308 à 310.
15 février 1820. . . .	Circulaire (police de la naviga- tion).	148.
19 février 1820. . . .	Depêche (invalides)	209.
21 mars 1820	Circulaire (police de la naviga- tion)	438, 443 à 445.
7 juin 1820 . . , . .	Loi	179.
17 juin 1820	Circulaire (prises) , ...	145, 149, 160.
30 juin 1820	Circulaire (prises)	14, 15, 22, 156, 219 (note), 220, 221, 232, 233, 236, 284 (note).
30 septembre 1820. .	Circulaire n° 1364 (prises) . .	188, 193, 194, 196, 217, 226.
30 septembre 1820. .	Dépêche (prises).	129.
30 septembre 1820. .	Circulaire (invalides).	282.
21 octobre 1820 . . .	Circulaire (prises)	171.
29 octobre 1820 . . .	Ordonnance	38.
25 novembre 1820. .	Circulaire (prises) •	222, 227, 229, 294.
24 février 1821. . . .	Circulaire (invalides)	79.
3 mars 1821	Dépêche (prises).	188, 192.
7 avril 1821.	Circulaire (prises)	119.
14 avril 1821	Circulaire (prises)	243.
10 mai 1821.	Dépêche (prises).	195.
25 mai 1821	Circulaire (invalides)	285.
6 juillet 1821. . . .	Dépêche (prises)	219 (note.)
10 août 1821	Dépêche	223.
21 septembre 1821 . .	Circulaire (colonies et consulats)	34, 205, 393, 405.
26 octobre 1821 . . .	Circulaire (prises)	196.
16 novembre 1821 . .	Circulaire (prises)	279, 280, 286.
11 janvier 1822. . . .	Dépêche (invalides)	113.
3 mars 1822	Loi	47, 58.
15 avril 1822	Lettre de l'administration des douanes	174.
19 avril 1822.	Circulaire (prises)	271.
29 juin 1822	Circulaire (prises)	111.
7 août 1822	Ordonnance	47, 58.
25 octobre 1822. . . .	Dépêche	39.
8 novembre 1822 . .	Dépêche (prises).	185, 278, 292.
16 avril 1823.	Circulaire (police de la naviga- tion)	35.
27 mai 1823	Dépêche (police de la naviga- tion)	32, 35, 37

DATES.	TITRES des lois, ordonnances, réglements, etc.	NUMÉROS des articles où ils sont cités.
22 août 1823	Dépêche	24.
24 septembre 1823. . .	Ordonnance	437.
29 novembre 1823. . .	Circulaire (invalides)	127, 237.
13 avril 1824.	Circulaire (prises)	125, 130.
28 septembre 1824. . .	Circulaire (invalides).	113.
23 octobre 1824 . . .	Circulaire (colonies et consulats)	244.
24 décembre 1824. . .	Dépêche (prises).	278.
10 avril 1825.	Loi.	43, 45.
14 mai 1825.	Circulaire (prises).	159.
23 mai 1825.	Circulaire (prises).	130, 189.
28 juillet 1825. . . .	Circulaire (police de la navigation).	35.
5 août 1825.	Lettre de l'administration des douanes.	170, 267.
13 août 1825.	Circulaire (prises).	169, 170, 266.
22 août 1825.	Circulaire (prises).	113.
10 mars 1826.	Circulaire (prises).	188.
12 mai 1826.	Dépêche (prises).	303.
15 mai 1826.	Circulaire (police de la navigation).	48.
2 juin 1826.	Dépêche (prises).	292.
16 juin 1826.	Dépêche (prises).	219, 220.
17 novembre 1826. .	Décision du ministre de la marine.	287.
3 février 1827.	Circulaire (prises).	287.
8 juin 1827.	Circulaire (prises).	340, 341.
14 septembre 1827. .	Circulaire (prises).	72, 119, 120.
4 janvier 1828. . . .	Dépêche (invalides).	369.
30 janvier 1828. . . .	Ordonnance sur rapport du conseil-d'État.	293.
7 mars 1828.	Circulaire (artillerie et prises).	309, 311, 313.
6 juin 1828.	Dépêche (colonies et consulats)	205, 245.
17 juin 1828.	Circulaire (prises).	226, 260, 291, 294.
18 juillet 1828.	Dépêche (police de la navigation).	446.
12 septembre 1828. .	Circulaire (prises).	66.
19 septembre 1828. .	Circulaire (invalides).	90, 91, 92.
24 octobre 1828. . .	Circulaire (prises).	82, 109, 149.
5 janvier 1829. . . .	Circulaire (prises).	96, 246, 247.
26 janvier 1829. . . .	Lettre de l'administration des douanes.	321, 322.
20 février 1829. . . .	Dépêche (prises).	220, 232.
3 juillet 1829.	Circulaire (prises).	190.
7 août 1829.	Circulaire (invalides).	70, 89, 90, 93, 326, 327, 330, 331, 334.

DATES.	TITRES des lois, ordonnances, réglements, etc.	NUMÉROS des articles où ils sont cités.
30 septembre 1829. . .	Réglement.	238.
16 octobre 1829. . . .	Circulaire (prises).	270.
6 novembre 1829. . . .	Circulaire (prises).	106.
10 novembre 1829. .	Lettre de l'administration des douanes.	173 à 177.
12 mars 1830.	Circulaire (prises , colonies et consulats)	381, 407 (note).
9 avril 1830.	Circulaire (invalides).	157, 161 à 166.
21 mai 1830.	Circulaire (prises).	242.
23 septembre 1830. .	Dépêche (correspondance générale).	289.
2 octobre 1830. . . .	Circulaire (inscrip. maritime).	262.
18 avril 1831.	Loi.	453.
22 avril 1831.	Circulaire (prises).	299.
23 avril 1831.	Circulaire (police de la navigation).	447.
25 août 1831.	Circulaire (administration des équipages).	248.
7 septembre 1831. . .	Circulaire (police de la navigation).	439, 440.
30 janvier 1832. . . .	Circulaire (prises).	168, 369.
21 février 1832. . . .	Circulaire (colonies et consulats, prises).	244, 392, 412.
13 avril 1832.	Circulaire (colonies et consulats, prises).	416, 421, 424.
20 avril 1832.	Circulaire (prises).	96.
21 avril 1832.	Circulaire (police de la navigation).	441.
4 mai 1832.	Circulaire (invalides):	148.
14 juillet 1832.	Arrêt de la cour royale de Rouen.	278, 280, 281.
11 août 1832. . . .	Circulaire n° 1758 (invalides).	94, 95, 108.
11 août 1832. . . .	Circulaire n° 1766 (invalides).	463.
31 août 1832. . . .	Circulaire (prises).	278.
12 avril 1833.	Circulaire (prises).	121.
25 avril 1833.	Instruction.	56, 476, 477.
29 juin 1833.	Ordonnance.	305.
25 août 1833.	Circulaire (invalides).	226.
4 octobre 1833. . . .	Circulaire (prises).	283.
11 octobre 1833. . .	Dépêche (prises).	466.
18 octobre 1833. . .	Circulaire (prises).	366.
22 octobre 1833. . . .	Dépêche (prises).	228.
29 octobre 1833. . . .	Ordonnance.	55, 57, 77, 382 à 387, 389, 390, 392 à 405, 407, 412 à 415, 417, 421.

DATES.	TITRES des lois, ordonnances, réglements, etc.	NUMÉROS des articles où ils sont cités.
7 novembre 1833. . .	Ordonnance.	408, 409.
19 novembre 1833. .	Circulaire (prises).	228, 298, 306.
6 janvier 1834.	Lettre du ministre du commerce.	76.
14 janvier 1834. . . .	Dépêche (prises).	268, 269.
25 janvier 1834. . . .	Circulaire (prises).	163.
11 février 1834. . . .	Lettre du ministre des finances.	76.
11 mars 1834.	Circulaire (invalides).	157, 165.
22 août 1834.	Lettre du ministre de la justice.	465.
9 septembre 1834. . .	Circulaire (invalides).	448.
2 décembre 1834. . .	Circulaire (invalides).	200, 205 (note), 206.
5 février 1835.	Circulaire (commissariat de la marine).	225.
10 février 1835. . . .	Dépêche (prises).	263, 284.
24 février 1835. . . .	Dépêche n° 424 (prises).	191.
24 février 1835. . . .	Circulaire n° 457 (prises).	263, 264, 274, 302, 303 (note), 312.
12 octobre 1835. . . .	Circulaire (invalides).	7, 127, 132, 158, 161, 162.
21 décembre 1835. . .	Lettre (police de la navigation).	53.
26 décembre 1835. .	Circulaire (prises).	306 (note).
6 janvier 1836.	Circulaire (colonies et consulats, prises).	244.
12 février 1836. . . .	Circulaire (prises).	2, 89, 251, 468, 469, 471, 472.
18 avril 1836.	Circulaire (prises).	472.
29 avril 1836.	Dépêche.	127.
12 mai 1836.	Ordonnance.	202, 203, 205 (note), 411, 418, 420, 422, 423.
14 mai 1836.	Dépêche (invalides).	78.
23 juin 1836.	Lettre du ministre des finances.	268.
2 juillet 1836.	Loi.	305.
13 juillet 1836.	Convention.	35.
11 octobre 1836. . . .	Ordonnance sur les équipages de ligne.	248, 249.
18 octobre 1836. . . .	Circulaire (prises).	470, 473, 474.
26 octobre 1836. . . .	Dépêche (colonies et consulats).	201.
8 novembre 1836. . .	Circulaire (invalides).	449, 450, 451, 452.
29 novembre 1836. .	Dépêche (prises).	319.
28 mars 1837.	Dépêche (colonies et consulats).	203, 205 (note).
11 avril 1837.	Dépêche (prises).	470.
5 mai 1837.	Circulaire (prises).	88, 400, 401.
26 juillet 1837. . . .	Ordonnance.	35, 36.
17 octobre 1837. . . .	Circulaire (colonies et consulats).	419.
20 décembre 1837. .	Ordonnance.	425 à 436.
30 avril 1838.	Circulaire (invalides).	241.

DATES.	TITRES des lois, ordonnances, réglements, etc.	NUMÉROS des articles où ils sont cités.
2 avril 1839	Circulaire (prises)	268,
9 avril 1839	Circulaire (prises)	113.
10 mai 1839	Circulaire (corps organisés)	442.
10 mai 1839	Lettre de l'administration des douanes	181.
14 mai 1839	Dépêche (prises)	289.
4 septembre 1839	Circulaire (invalides)	448, 455.
30 septembre 1839	Lettre de l'administration des douanes	35.
8 octobre 1839	Circulaire (prises)	231, 392, 393, 399, 400, 405, 406.
22 novembre 1839	Arrêt de la cour royale de Douai	287 (note).
11 décembre 1839	Dépêche (prises)	182.
28 mars 1840	Instruction du directeur-général de l'enregistrement	464, 466.
3 juin 1840	Lettre de l'administration des douanes	35.
20 juillet 1840	Lettre de l'administration des douanes	35.
21 juillet 1840	Jugement du tribunal de commerce du Havre	275 (note), 278.
25 juillet 1840	Traité	35, 36.
15 septembre 1840	Circulaire (invalides)	463, 466.
2 décembre 1840	Arrêt de la cour royale de Rouen	275 (note), 278.
20 janvier 1841	Jugement du tribunal de commerce de Nantes	207, 214.
13 mars 1841	Circulaire (prises)	123, 219.
1ᵉ avril 1841	Arrêt de la cour royale de Rennes	207, 214.
20 avril 1841	Instruction	339, 342 à 379.
20 avril 1841	Circulaire (prises)	380.

DIVERS DOCUMENTS.

Code civil, 6, 80, 125, 144, 152, 153, 184.

Code de commerce, 13, 20, 26, 27, 41, 75, 76, 141, 143, 145 à 147, 186, 207, 208, 209, 212, 216.

Code d'instruction criminelle, 51, 456, 457, 465.

Code pénal, 51, 105.

Commission d'enquête de 1832, 14, 19, 22 (note), 28, 97, 272.

FIN.

ERRATA.

Page 42, ligne 10, au lieu de *Dépêches*, lisez *Dépêche*.

Page 51, ligne 23, au lieu de *Circulaires*, lisez *Circulaire*.

Page 62, ligne 2, après le mot *transport* il faut une virgule au lieu d'un point et virgule.

Même page, ligne 3, après le mot *tribunal* il faut un point et virgule au lieu d'une virgule.

Page 91, ligne 23, au lieu de *lorsqu'il sont*, lisez *lorsqu'ils sont*.

Page 91, ligne 27, au lieu de *sans bouées*, lisez *sans bouée*.

Page 104, dernière ligne, au lieu de *traité de cahier*, lisez *traité et de cahier*.

Page 135, ligne 24, au lieu de *de un*, lisez *d'un*.

Page 135, ligne 26, au lieu de *de un*, lisez *d'un*.

www.ingramcontent.com/pod-product-compliance
Lightning Source LLC
Chambersburg PA
CBHW071645200326
41519CB00012BA/2413